Flaggen & Wappen
Deutschland

Harry D. Schurdel

Flaggen
& Wappen
Deutschland

Länderkunde

BATTENBERG

Die Deutsche Bibliothek – CIP-Einheitsaufnahme
Flaggen & Wappen Deutschland / Harry D. Schurdel
Augsburg: Battenberg, 1995
ISBN 3-89441-136-8
NE: Schurdel, Harry D.

BATTENBERG VERLAG AUGSBURG
© 1995 Weltbild Verlag GmbH Augsburg
Alle Rechte vorbehalten
Umschlaggestaltung: Zembsch' Werkstatt, München
Satz: Cicero Lasersatz, Augsburg
Repro: Repro-Mayr, Donauwörth
Druck und Bindung: Druckerei Himmer, Augsburg
Printed in Germany

ISBN 3-89441-136-8

Gedruckt auf chlorfrei gebleichtes Papier

Inhalt

Vorwort

Der Mensch verständigt sich nicht allein durch das Wort, die Schrift und bestimmte Handlungsweisen, sondern auch durch Zeichen. Zeichen des Ausdrucks und der gemalten Bilder. Und drücken diese Bilder eine bestimmte Botschaft aus, so sprechen wir von Symbolen.

Das begann vor Tausenden von Jahren vor unserer Zeitrechnung mit den sinnhaften Ritzbildern und Zeichnungen in den Höhlenkultstätten unserer frühgeschichtlichen Vorfahren und führt bis zu den Wegweisern unserer Tage, den Piktogrammen. Und sind diese Strichfiguren den Höhlenmalereien unserer Ahnen so unähnlich?

Dieses Buch handelt von staatlichen Symbolen, genauer gesagt von denen Deutschlands und seiner Länder in Vergangenheit und Gegenwart, wobei es sich aufgrund des vorgegebenen Rahmens nur um eine Auswahl handeln kann, vor allem, was die historischen Epochen betrifft.

Inhaltlich liegt der Schwerpunkt der Publikation auf dem wichtigsten Gebiet des staatlichen Symbolwesens: der Wappen und Flaggen. Diese erlangten seit dem Beginn der Heraldik im 12. Jahrhundert eine stets zunehmende Bedeutung als Träger staatlicher Sinnbilder. Hat ihre Geltung insgesamt auch abgenommen, nehmen Wappen, vor allem aber Flaggen, immer noch einen wichtigen Stellenwert ein, nicht zuletzt im internationalen Bereich.

Ein kleinerer Teil des Bandes ist dem »klingenden Staatssymbol« gewidmet: den Nationalhymnen.

Zu den staatlichen Symbolen gehören im engeren und weiteren Sinne aber auch noch Siegel, Orden, Briefmarken, Geldscheine und Münzen.

In den Staatswesen, und damit in der nationalen und internationalen Politik, erfüllen Symbole seit den Zeiten der Antike ihre bestimmten Aufgaben, praktische, protokollarische und eben »symbolhafte«. Sie stehen für das jeweilige Land selbst: In seinen »Hoheitszeichen« bündeln sich wie in einem Brennglas Geschichte und Geographie, politische und soziale Struktur, Traditionen und Hoffnungen der Völker.

Die Deutschen hatten in ihrer Historie, allzumal in ihrer modernen Nationalgeschichte, nicht selten ein ambivalentes Verhältnis zu den Staatssymbolen, Ausdruck ihres komplexen Verhältnisses zur eigenen Nation.

Es wäre wünschenswert, wenn dieses Buch mittels »Aufklärung durch Wissen« zu einer sachlicheren, »entspannteren« Beziehung zu den Symbolen unseres Vaterlandes beitragen könnte.

Der Autor bedankt sich bei allen Personen und Institutionen, die ihn bei Abfassung und Illustration der Publikation unterstützt haben. Ein besonderer Dank gilt jedoch dem Bundesministerium des Innern und dem Carl Heymanns Verlag, die gestatteten, aus dem von ihnen herausgegebenen Werk »Wappen und Flaggen der Bundesrepublik Deutschland und ihrer Länder« (4. Aufl. 1993) die Bildtafeln mit den amtlichen Hoheitszeichen in diesem Buch wiederzugeben.

Neuenkirchen (Lüneburger Heide),
im Herbst 1994, Harry D. Schurdel

Einleitung

Zwei Symbolbereiche prägen in Wort und Bild den Inhalt dieses Buches: die der Wappen und jene der Fahnen und Flaggen. Im Abschnitt über die gesamtdeutschen Symbole tritt auch noch das Thema Nationalhymnen hervor. Alle drei Sujets haben ihre Geschichte, ihre wissenschaftlichen, künstlerischen und anwendungsbezogenen Wesensmerkmale.

Die nachstehende Einführung kann nur einen sehr gerafften Einblick bieten, was besonders für die komplexe Wissenschaft der Heraldik zutrifft. Der Leser, der sich eingehender mit der Gesamtthematik beschäftigen möchte, sei – wie bei den anderen Kapiteln auch – auf das Literaturverzeichnis am Ende des Bandes verwiesen.

Heraldik:

Was einer im Schilde führt

Die Heraldik ist die Wissenschaft vom Wesen der Wappen: ihrer Geschichte, der Symbolik ihrer Bilder, ihrer zeichnerisch korrekten Gestaltung sowie den Regeln ihrer Führung und rechtlichen Stellung.

Das Wort »Heraldik« kam im 17./18. Jahrhundert aus dem gleichbedeutenden französischen Begriff »science héraldique« (eigentlich »Heroldskunst«) zu uns. Damit wurde auf den **Herold** Bezug genommen, jenen mittelalterlichen Amtsträger, dem u. a. die Aufgabe zufiel, bei den Ritterturnieren die Wappen der einzelnen Kämpfer zu identifizieren. Der Name »Herold« wiederum ist im Deutschen seit dem 14. Jahrhundert bezeugt (spätmittelhochdeutsch »heralt«). Auch dieses Wort fand seinen Weg aus dem Französischen zu uns, entlehnt dem altfranzösischen **héralt** (neufranzösisch »hérault«). Doch der Begriff ist nicht romanischen, sondern germanischen Ursprungs. Unter »hariowisio«, »hariowald« verstanden die Germanen diejenigen Männer, die die Symbole der Götter und Geschlechter kannten. Daraus entwickelte sich das altfränkische Substantiv »hariwald«, der Heereswalter (»Heeresbeamter«); es ist noch in dem nordischen Männernamen »Harald« erhalten geblieben.

Das Wort **Wappen** ist bezeichnenderweise aus dem Wort »Waffen« entstanden – kein Wunder, denn die ersten Wappen erschienen auf den Kampfschilden der Ritter. »Was mag er wohl im Schilde führen?« Diese Frage stellt man sich, ohne sich bewußt zu sein, daß der Satz seinen Sinnursprung in der Heraldik hat. Der Schild ist für die Wappenkunde gewissermaßen das, was für ein Gemälde der Rahmen ist. Als heraldisch richtig anzusprechen ist ein Wappen als solches nämlich erst dann, wenn es in einem Schild liegt.

Die Geschichte des Wappenwesens begann aus militärisch notwendigen Erkennungsgründen. Das Mittelalter brachte das

Rittertum hervor. Wichtige Teile der Ritterrüstung waren Schild und Helm. Der Helm mit seinen schmalen Sehschlitzen war nicht geeignet, ein breites Beobachtungsfeld zu bieten. Ein weites Blickfeld zu haben, war jedoch, wie heute noch, ein unerläßliches militärisches Erfordernis. Doch diese »Aufklärung« wurde bei der die ganze Kämpferfigur umschließenden Panzerung sehr erschwert: Ritter Kunibert sah in seinem »Aufzug« nicht viel anders aus als Ritter Geribald oder Wulfhart.

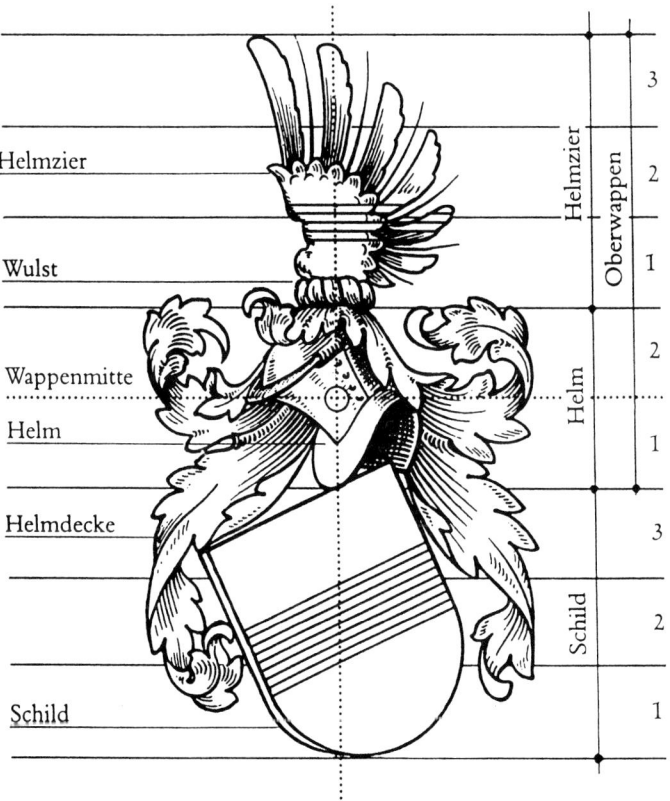

Musterzeichnung eines Vollwappens

Also mußten Zeichen her. Hierfür war nichts besser geeignet als die Fläche des Kampfschildes. So entstanden farbige, einprägsame und deutlich erkennbare Symbole, die auf den Schild gemalt wurden: Es bildete sich das Wappenwesen heraus. Sein zeitlicher Ursprung liegt im frühen 12. Jahrhundert. Das Wappenwesen nahm in der Folgezeit einen ungeahnten Aufschwung. Etwa ab 1200 werden die Kennzeichen persönlich und erblich, werden zu Familienwappen – und nicht nur für den Adel: alsbald führten auch Bürgerliche und Geistliche Wappen, später kamen Kommunal- und Territorialwappen sowie Wappen diverser staatlicher und privater Institutionen hinzu. Die Blütezeit der Heraldik liegt etwa zwischen dem 13. und dem Beginn des 16. Jahrhunderts. Mit dem Ende des Rittertums war zwar die praktische Verwendbarkeit der Wappen beendet, nicht aber ihre Schmuck- und Identifikationsfunktion; sie gilt bis auf den heutigen Tag.

Worauf beruht nun das Wissen um die Heraldik, allzumal um die bildlichen Darstellungen aus den Frühepochen? Originale Belegstücke als Quellen scheiden weitestgehend aus, da sich Schilde, Helmschmuck und ähnliche Gegenstände aus jener Zeit kaum erhalten haben. So bleibt lediglich übrig, aus den bildnerischen und schriftlichen Quellen die nötigen Informationen zu erlangen. Hinsichtlich der Bildquellen sind dies in erster Linie Siegel, Münzen, Grabsteine sowie überhaupt all jene mit heraldischen Darstellungen versehenen Gegenstände, wie z. B. Baudenkmäler, Hausportale, Kirchenfenster, aber auch Exlibris (Bucheignerzeichen) und Wappenscheiben. Was nun die schriftlichen Quellen betrifft, so kommen hier die mittelalterlichen Wappenrollen, Turnierbücher und Wappenhandschriften in Frage, später dann auch die ersten wissenschaftlichen Werke und genealogischen Handbücher.

Wappenkunde ist nicht zuletzt auch Wappenkunst: Heraldisch einwandfrei gestaltete Wappen können wahre Kunstwerke sein. Ihr ästhetischer Reiz ist nicht selten von bestechender Schönheit. Schon sehr früh, gegen Ende des 13./Anfang des 14. Jahrhunderts, wurden die ersten künstlerischen Leitfäden verfaßt. Es dauerte nicht lange, und die Grundsätze der bildlichen Gestaltung in der Heraldik nahmen feste Formen

Einfarbige Darstellungen:
Durch verschiedene Schraffierungen werden folgende Schemata bei
Farben und Metallen angedeutet und farblich erklärt:

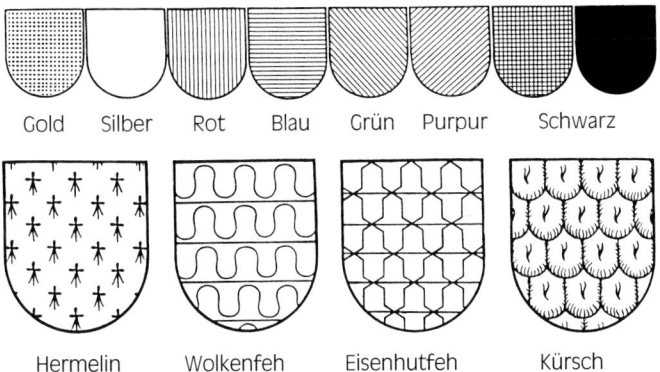

| Gold | Silber | Rot | Blau | Grün | Purpur | Schwarz |

| Hermelin | Wolkenfeh | Eisenhutfeh | Kürsch |

an, deren Regeln bis heute fortgelten. Die drei wichtigsten
dieser Erfordernisse sind die Stilisierung, die Raumaufteilung
und der Kontrast.

Gemäß diesen und einigen anderen Normen besteht ein
sogenanntes **Vollwappen** aus dem Schild und seinen Wappen-
figuren, das eigentliche Wappen, dem Helm, der Helmzier,
der Helmdecke, der Helmkrone oder dem Helmwulst. Hinzu-
treten können noch als Prunk- und/oder Ergänzungsstücke
u. a. Wappenmantel und Schildhalter.

Die Bildinhalte der Wappen bestehen entweder aus den
»Heroldsbildern«, d. h. abstrakten Schildteilungen, oder
»natürlichen gemeinen Figuren aus der belebten und unbelebten Natur«, wie es ein Heraldik-Fachbuch formuliert. Häufig-
ste Motive aus der »belebten Natur« sind Adler und Löwe
sowie Rose und Lilie, aus der »unbelebten« Bauwerke und
einzelne Bauelemente.

Die Heraldik kennt nur vier »richtige« Farben: Rot, Blau,
Grün und Schwarz. Daneben gibt es noch Gold und Silber, die
als »Metalle« bezeichnet werden. Beide letztgenannten Farbge-
bungen (»Tinkturen«) können auch in Gelb resp. Weiß darge-

stellt werden: Gelb und Gold sowie Weiß und Silber sind Synonyme. Eine Sonderstellung nimmt Purpur ein.

Wie jede Wissenschaft, so hat auch die Heraldik ihre Fachsprache entwickelt. So nennt man hier die Wappenbeschreibung »Blasonierung«. Sie soll so prägnant wie möglich und so kurz als nötig sein. Für den Laien ganz wesentlich ist in diesem Zusammenhang zu wissen, daß die Begriffe »links« und »rechts« immer entgegengesetzt zur Richtung des Beschauers eines Wappens zu sehen sind; beziehen sie sich doch wortwörtlich auf den Wappen-»träger«, der seinen Schild vor sich hält. Deshalb sind die Benennungen »links« und »rechts« ausschließlich aus seiner Sichtweise heraus zu verstehen.

WAPPEN DER BUCHBINDER

Beispiel für ein Zunftwappen

Vexillologie:

Unter wehender Flagge

Die historische und soziale Hilfswissenschaft der Fahnen- und Flaggenkunde ist als eigenständige Wissensdisziplin jungen Datums. Sie wurde vor gut drei Jahrzehnten von dem amerikanischen Politologen Dr. Whitney Smith als solche begründet. Er gab ihr auch den, zugegeben komplizierten, Namen: »Vexillologie«, abgeleitet von der lateinischen Bezeichnung **vexillum**, ein von einem Kreuzstab herabhängendem Stoffstück, welches in den antiken römischen Heeren das einzige textile Signum war; seit 104 v. Chr. mit einem auf der Fahnenstange angebrachten Legionsadler gekrönt.

In den zurückliegenden 30 Jahren hat dieses Forschungsgebiet einen bemerkenswerten Aufstieg erfahren: eine Vielzahl von Publikationen erschien, Vereine und wissenschaftliche Gesellschaften entstanden auf der ganzen Welt, zahlreiche regionale und internationale Fachkongresse wurden veranstaltet. In den früheren Wissenschaftsepochen ist die Fahnen- und Flaggenkunde – wenn überhaupt – »en passant« von der Heraldik (Wappenkunde) »mitbetreut« worden, nicht ohne Berechtigung allerdings, denn viele Fahnen und Flaggen enthalten Wappen als Symbolzeichen bzw. beruhen mit ihrer Farbgebung auf eben deren Tingierungen.

Als Begründer der deutschen Vexillologie gilt Dr. Ottfried Neubecker (1908–1992), ein Kunsthistoriker und Heraldiker, der schon vor dem Krieg diese Wissenschaft hierzulande als genuine Disziplin betrieb, ohne ihr einen besonderen Namen gegeben zu haben.

Die Vexillologie beschäftigt sich im einzelnen mit einer Vielzahl von Forschungsgegenständen. Neben der allgemeinen Geschichte und Symbolik der Fahnen und Flaggen werden etwa auch Farb- und Gebrauchsfragen erörtert, protokollarische und materialtechnische Probleme behandelt, Dokumentations- und Terminologieangelegenheiten diskutiert.

Fähnrich Hans von Sachsen:
Kolorierter Holzschnitt des Nürnberger Zeichners Virgil Solis, 1550

Wie schon zum Ausdruck gekommen, kennen wir im Deutschen die Begriffe »Fahnen« und »Flaggen«. Sie werden in der Öffentlichkeit zumeist als Synonyme verwendet, sind vom vexillologischen Standpunkt aus aber strikt zu unterscheiden.

Angewandte Vexillologie:
Restaurierung bzw. Neuherstellung historischer Fahnen
Vor der Restaurierung

Eine Fahne im engeren Sinne ist jedes Stück Stoff, das fest mit der Stange verbunden ist und mittels Farben und Figuren eine symbolische Bedeutung offenbart. Das bedingt zumeist, daß ein derartiges Tuch auch nicht ohne weiteres durch ein neues ersetzt werden kann, was zu einer hohen Wertschätzung, materiell und ideell, führen kann (Beispiel: Kirchen- und Vereinsfahnen).

Im Gegensatz dazu ist eine Flagge ein meist aus einer Serienproduktion stammendes Textil, das jederzeit durch ein gleichartiges Objekt ausgetauscht werden darf und kann, weil in aller Regel nur lose, mittels einer Leine, mit dem Stock verbunden. So spricht man in der Seefahrt nur von Flaggen, nie von Fahnen.

Dieser »Massencharakter« der Flagge bedeutet nun aber keineswegs, daß jenem Symbol weniger Beachtung geschenkt

Angewandte Vexillologie:
Restaurierte Fahne

wird. Nehmen wir nur das Beispiel der Nationalflaggen. Auf ihren Tüchern bündeln sich wie in einem Brennglas Historie und Geographie, politische und soziale Struktur, Traditionen und Hoffnungen der Völker der jeweiligen Staaten. Kurz: Die Flagge eines Landes ist die bildhaft gewordene Identifikation einer Nation. Daraus ergibt sich auch die Achtung, ja Verehrung, die diesem Zeichen in allen Ländern der Erde, in unterschiedlichen Ausprägungen, entgegengebracht wird.

Hinsichtlich des Designs einer Flagge gilt – noch mehr als in der Wappenkunst – das Gebot der Klarheit durch Einfachheit, schließlich soll eine Flagge schon von weitem von der Identität seines Trägers künden. Unter mißdeutiger oder falscher Flagge gesegelt zu sein, hat schon manchen Seemann das Leben gekostet – und nicht nur Matrosen. Neben den »klassischen« Fahnen- und Flaggenformen gibt es eine reiche Anzahl von

Angewandte Vexillologie:
Restaurierung bzw. Neuherstellung historischer Fahnen
Vor der Restaurierung

Sonderausführungen, wie etwa Banner und Wimpel, Stander und Standarten. Noch vielfältiger sind die Verwendungsarten: National- und Handelsflaggen, Stadt- und Yachtflaggen, Reederei- und Firmenflaggen, Militär- und Korporationsfahnen u. v. a.

Die Vexillologen »zerlegen« die Fahnen/Flaggen in vier Teilstücke: die Mitte, die Stangenseite (»Liek«), die »Oberecke« (linkes oberes Drittel des Tuches) und die auswehende Seite (»Fliegendes Ende«). Weiterhin gehören auch die Festlegung der Proportionen (Verhältnis von Höhe zu Breite), die Maßangaben der Symbole sowie die Farbdefinitionen zur sogenannten Spezifikation eines vexillologischen Gegenstandes.

Die Vorläufer der Fahnen/Flaggen waren die »Vexilloide«. Darunter versteht man Stangen, an deren Spitze auffällige Gegenstände (etwa Federn, Himmelszeichen, Tierfiguren)

Angewandte Vexillologie:
Restaurierte Fahne

befestigt sind, die, ohne eine Fahne/Flagge zu sein, aber deren
Funktion teilweise erfüllen: als Markierungs-, Versammlungs-
oder religiöse Zeichen. Vexilloide sind schon seit 5500 v. Chr.
aus dem Alten Ägypten überliefert.

   Fahnen/Flaggen in unserem Sinne, als an Stangen ange-
brachte Stoffteile, sind wohl eine Errungenschaft der Chine-
sen, begünstigt durch die Seidenraupenzucht. So mag die erste
Fahne/Flagge schon um 3000 v. Chr. im Reich der Mitte
geweht haben. Ein genaues Datum ist nicht feststellbar, da
aufgrund der textilen Struktur kaum archäologische Funde aus
jener Zeit erwartet werden können.

   In die abendländische Welt fanden mehrfarbige bzw. mit
abstrakten Mustern versehene Fahnen/Flaggen Eingang durch
die Kreuzzüge (12. u. 13. Jh.), inspiriert durch die Muster der
Heerbanner der Araber. So gingen denn auch vom mittelalter-

lichen Kriegswesen die ersten Impulse zur nachmalig so reich-
haltigen europäischen Fahnen- und Flaggentradition aus. In
der beginnenden Neuzeit legte dann die Schiffahrt entscheidende Grundlagen für das Flaggenwesen, insonderheit auf
dem Gebiet der Flaggenbräuche.

Königliche Visite der Flotte:
Entscheidend wurde das Flaggenwesen durch die Seefahrt geprägt,
nicht zuletzt durch die britische. Hier ein Ölgemälde von W. Van de
Velde aus dem Jahr 1672.

Fahnen nahmen und nehmen beim Militär eine wichtige Rolle ein:
Seite 23: bei der Parade: Das Ulanen-Regiment »König Karl«
(1. Württembergisches) Nr. 19.
Seite 24: Truppenfahne der Bundeswehr: Hier bei einem Appell während des Einsatzes in Somalia, 1993.

Nationalhymnen:

Das klingende Staatssymbol

Das Wort **Hymne** stammt von dem lateinischen Begriff »hymnus«, welcher wiederum dem griechischen »hymnos« entlehnt ist und soviel wie »Feierlicher Festgesang«, »Lobgesang« (auf Gott) oder auch »Weihelied« bedeutet.

Die Bezeichnung **Nationalhymne** ist natürlich eng mit der Entwicklung der Nationalstaaten modernen Zuschnitts verbunden, so daß der Begriff auch erst im 19. Jahrhundert Eingang in den Sprachgebrauch fand.

Lieder mit nationalem Charakter gab es allerdings schon früher, wobei das »Geusenlied« der Niederländer vom Ende des 16. Jahrhunderts das wohl bekannteste Beispiel ist. Die Weise war ein politisches Kampflied, gerichtet gegen die Vorherrschaft der Spanier. Heute ist diese Melodie die Nationalhymne des Königreiches.

Was Verse und Melodien der Hymnen betrifft, so sollte man sie nicht an zu hohen literarischen und kompositorischen Maßstäben messen. Nur wenige Staatslieder genügen einem dieser Ansprüche, ganz wenige beiden. Die Hymne der Bundesrepublik Deutschland nimmt bezüglich einer derartigen Klassifizierung einen vorderen Rang ein. Musikalisch ist das Deutschlandlied sogar zu den »Spitzenleistungen« zu rechnen, während es bei der literarischen Bewertung allenfalls einen oberen Mittelplatz belegt. Doch sollte man Nationallieder nicht nach akademischen Wertungen beurteilen, denn nur zu oft sind sie aus stark gefühlsmäßig betonten Stimmungslagen heraus entstanden, die allemal mehr das patriotische als das »künstlerisch wertvolle« Element in den Vordergrund stellten.

Die Nationalhymnen lassen sich in drei Hauptkategorien einteilen:

Königshymnen, welche Person und Amt des monarchischen Staatsoberhauptes huldigen. Bekanntestes Beispiel ist dafür die britische Hymne (»God save the Queen/King«).

Landeshymnen, die die Liebe zum eigenen Volk, zur Heimat sowie Schilderungen der Schönheiten der Landesnatur zum Inhalt haben.

Volkshymnen, welche sich auf nationalhistorische Ereignisse berufen und Sehnsüchte der Freiheit und das Verlangen nach einem geeinten Staatswesen zum Ausdruck bringen. Hierunter fallen auch die vielen patriotischen Lieder der Vaterlandsverehrung.

Die deutsche Nationalhymne mischt Bestandteile des zweiten und dritten Typs.

Formal gesehen ist, was die offizielle Einführung betrifft, die französische Nationalhymne – die »Marseillaise« – die älteste: Sie wurde am 15. Juli 1795 durch ein Dekret des Nationalkonvents zum Nationallied erklärt.

Sieht man es nicht so »bürokratisch«, so ist das älteste Staatslied das schon erwähnte niederländische Geusenlied. Seit 1568 ist der Text, seit 1626 die Melodie bekannt. Über 350 Jahre wird dieses Musikstück schon zur Aufführung gebracht. Zur amtlichen Nationalhymne ist es jedoch erst am 10. Mai 1932 erhoben worden.

Über den ältesten Nationalhymnen-Text verfügt die japanische Staatsweise. Das klassische, nur vier Zeilen aufweisende Gedicht »Kimigayo« (Haus des Kaisers) hat eine über eintausendjährige Geschichte.

Hinsichtlich der Komposition kann die Hymne von San Marino als die älteste bezeichnet werden. Ihre Weise basiert auf der Grundmelodie eines Chorals, welcher aus einem Klosterbrevier des 10. Jahrhunderts stammt.

Das Nationallied San Marinos ist übrigens textlos. Hierbei steht das Land aber nicht alleine da, denn es sind mehrere Nationalhymnen auf der Welt vorhanden, die eines Verses entbehren. Hierzu paßt ins Bild, daß die meisten davon mehr Fanfaren- als Liedcharakter haben.

Nicht unerwähnt bleiben soll, daß nicht wenige Staatslieder ausländische Text- bzw. Melodienurheber ihr eigen nennen. Auch Deutsche waren in nicht geringer Zahl als Bearbeiter beteiligt. So ist dies z. B. bei den Hymnen von Finnland, Japan, Portugal und Tonga der Fall.

Einige Staatslieder, zumal viele der jungen Nationalstaaten in der sogenannten Dritten Welt, sind durch Wettbewerbe entstanden, da es historisch gewachsene Nationallieder im Sinne international zur Anwendung bringbarer Musikstücke nicht gab. So wurden entweder völlig neue Hymnen kreiert oder aber in traditionellem Stil gehaltene Kompositionen zu »modernen« umgestaltet, so daß auch diese Weisen von jedem »abendländischen« Orchester gespielt werden können.

Ein Wort noch zu den **deutschen Landesliedern.** Hierbei nimmt einzig die **Bayernhymne** (»Gott mit dir, du Land der Bayern«) offiziellen Charakter ein; alle anderen Weisen werden staatlicherseits nicht zu amtlicher Aufführung gebracht.

Gesamtdeutsche Symbole

Schwarz-Rot-Gold und Schwarz-Weiß-Rot

Zur Geschichte der deutschen Farben

Das Kaiser-Kolorit

82 Prozent der Deutschen wissen auf die Frage nach dem Ursprung ihrer Nationalfarben keine korrekte Antwort. Das ergab eine 1991 von der Redaktion Zeitgeschichte des ZDF beim EMNID-Institut in Auftrag gegebene Umfrage, die sich auf die Einstellung der Bundesbürger zur Nationalflagge und -hymne bezog.

Das Ergebnis überrascht nicht, gibt es doch nur einmal mehr das wenn nicht gebrochene, so doch ambivalente Verhältnis der Deutschen zu ihrer Nation wieder. Und zu einem solchen gehört doch unzweifelhaft auch das Wissen um die Entstehung und die Geschichte der Flagge des eigenen Vaterlandes. Aber selbst unter historisch Interessierten herrschen auf diesem Gebiet viel Unkenntnis und Halbbildung. Gerade die wechselvolle Geschichte der letzten 200 Jahre spiegelt sich in der Thematik und Problematik der nationalen Farbwahl und Flaggenführung wider.

Bis zur Reichsgründung 1871 gab es keine deutsche Nationalflagge. Das Entstehen dieser Symbole setzte erst mit der Errichtung der modernen Nationalstaaten ein. Dabei war Deutschland bekanntlich ein »Nachzügler«. Das heißt nun aber nicht, daß es vor 1871 überhaupt keine deutschen Flaggensymbole gab.

Im Mittelalter waren dies die gelbe Kaiserfahne mit dem schwarzen Adler und die rote Fahne mit dem weißen Kreuz, das Heerzeichen des Heiligen Römischen Reiches Deutscher Nation. Der (seit dem 15. Jahrhundert) doppelköpfige Reichsadler mit roter Zunge und roten Fängen und die kaiserlichen

Farben Schwarz-Gold bzw. Schwarz-Gelb (die Farben Gold und Gelb sind in der Wappenkunde Synonyme) überdauerten den Untergang des alten Reiches (1806) und blieben mit der Kaiserwürde in Österreich bis 1918 lebendig.

Dreifarbige Fahnen als nationale Sinnzeichen verwendeten zuerst im 16. Jahrhundert die niederländischen Geusen in ihrem Freiheitskampf gegen die Spanier. Mit der Französischen Revolution von 1789, die die »Trikolore« (Dreifarb) auch als Begriff hervorbrachte, wurden dreibahnige Fahnen in ganz Europa als nationalstaatliche Symbole verbreitet.

Das Panier der Studiosi

Zur Wiederbelebung von Schwarz, Rot und Gold kam es in den Befreiungkriegen gegen Napoléon (1813–15). Den Anstoß gab die Uniform des Lützowschen Freikorps: schwarze Zivilröcke mit roten Samtaufschlägen und goldgelben Knöpfen. Die Ulanen der Einheit führten zudem rot-schwarze Lanzenfähnchen.

Die schwarze Uniformfarbe war aus rein praktischen Gründen gewählt worden, da man andersfarbige Kleidungsstücke am besten in Schwarz färben konnte, außerdem war Schwarz seinerzeit als zivile Kleiderfarbe en vogue. Weiterhin ist zu bedenken, daß die Angehörigen des Verbandes, der ja ursprünglich kein Teil der regulären Armee war, nicht über die Geldmittel verfügten, um sich farbenprächtige Uniformen schneidern zu lassen. Im übrigen sollte die schlichte Farbe auch die Opferbereitschaft der Truppe zum Ausdruck bringen, deutlich den Gegensatz zu den staatlichen Armeen in ihren »bunten Röcken« ausdrückend.

Unter den Studenten, die am 12. Juni 1815 in Jena die sogenannte Ur-Burschenschaft gründeten, befanden sich viele ehemalige Teilnehmer von »Lützows wilder, verwegener Jagd«, wie ein noch heute bekanntes Volkslied von den Taten dieser Freischärler kündet. In ihrer Verbandsverfassung bestimmten die Studenten »Roth und Schwarz zu den Farben ihres Paniers«.

Die Schärpen, die bei feierlichen Aufzügen getragen wurden, waren »schwarz und roth mit Gold durchwirkt«. Auch das schlichte schwarze »Festkleid« war der Uniform der Lützower ähnlicher als den herkömmlichen farbenfrohen und prächtigen Uniformen der studentischen Landsmannschaften.

Rot und schwarz, goldgesäumt und mit einem goldenen Eichenreis in der Mitte, war auch die Fahne, welche die Burschenschaft 1817 zum Wartburg-Fest mitführte, wo sich 500 Studenten zu einem deutschen Nationalstaat bekannten. Allmählich entwickelten sich aus dem Kolorit der Jenaer Burschenschaft die allgemeinen burschenschaftlichen Farben Schwarz-Rot-Gold, die – in der irrigen Annahme, daß es sich um die alten Reichsfarben handele – spätestens seit dem Hambacher Fest 1832 zum populären Symbol der demokratischen deutschen Einheits- und Freiheitsbewegung wurden.

Fahne der Jenaischen Burschenschaft vom Wartburgfest 1817.

Deutschlands erste Flagge

Das Revolutionsjahr 1848 war das Geburtsjahr der ersten als gesamtdeutsch zu bezeichnenden Flagge. Bereits am 9. März 1848 hatte der Bundestag, die Gesandtschaftsvertretung der 39 Mitglieder des 1815 gegründeten Deutschen Bundes – bis dato der schärfste Gegner demokratischer Bestrebungen, unter dem Eindruck der Februarrevolution in Paris folgenden Beschluß gefaßt: *»Eben so werden die Bundesfarben der deutschen Vorzeit zu entnehmen seyn, wo das deutsche Reichspanier schwarz, roth und golden war.«* Auch hier wieder der falsche Verweis auf die mittelalterlichen deutschen Reichsfarben. Mit Entschließung vom 20. März 1848 wurde verfügt, daß auf allen Bundesfestungen neben dem Bundeswappen auch die neuen Bundesfarben zu zeigen seien.

Am 10. März 1848 wehte Schwarz-Rot-Gold auch vom Wiener Stephansdom. Drei Tage später erschien Kaiser Ferdinand I., formales Oberhaupt des Deutschen Bundes, mit einer schwarz-rot-goldenen Fahne an einem Fenster der Hofburg.

Ähnliches, jedoch in dramatischerer Szenerie, vollzog sich in Berlin. Dort kam es am 18. März 1848 zu Barrikadenkämpfen. Furcht und Schrecken herrschten in der preußischen Hauptstadt. König Friedrich Wilhelm IV. erließ am 19. März seine Proklamation »An meine lieben Berliner«, in der er zusagte, alle Straßen und Plätze von Truppen räumen zu lassen. Lediglich Schloß und Zeughaus sollten weiter bewacht werden. So geschah es. Auf mit Kränzen geschmückten Wagen, die man mit schwarz-rot-goldenen Fahnen bedeckte Särge gefallener Aufständischer beladen hatte, bewegte sich der Zug zum Schloßplatz. König und Königin erwiesen so den toten »Rebellen« die letzte Ehre. Am 21. März erfolgte eine andere denkwürdige Begebenheit: Der Monarch ritt mit einer schwarz-rot-goldenen Binde am Arm durch die mit Fahnen in den gleichen Farben gesäumten und mit freudig erregten Menschen belebten Straßen der Residenz. Nicht aus Überzeugung, sondern der Not gehorchend schloß sich der König der bürgerlichen schwarz-rot-goldenen Freiheitsbewegung an.

Die versteigerte »Piratenflagge«

Am 18. Mai 1848 trat in der Paulskirche zu Frankfurt am Main die erste deutsche Nationalversammlung zusammen. Die Straßen, durch die über 7000 Personen zogen, waren über und über mit schwarz-rot-goldenen Fahnen geschmückt. Auch das Plenum selbst hatte man mit gleichfarbigen Tüchern sowie dem – damals noch doppelköpfigen – Bundesadler drapiert.

Mit Datum vom 12. November 1848 erging das »Gesetz betreffend Einführung einer deutschen Kriegs- und Handelsflagge«. Dies war nun in der deutschen Geschichte das erste Gesetz, nicht nur ein parlamentarischer Beschluß, das die Farben Schwarz-Rot-Gold als nationales Kolorit festlegte. Die Kriegsflagge zeigte zusätzlich in einem gelben Obereck am Liek (Flaggstockseite) den *»doppelten schwarzen Adler mit abgerundeten Köpfen, ausgeschlagenen roten Zungen und goldenen Schnäbeln und desgleichen offenen Fängen«.*

Doch schon bei der Umsetzung der getroffenen Flaggen- und Farbenerlasse zeigte sich die ganze Schwäche der deutschen Zentralgewalt. So war es ihr zum Beispiel nicht möglich, die Handelsflagge gegen den Widerstand der Einzelstaaten durchzusetzen. Zudem »vergaß« der Reichsverweser Erzherzog Johann von Österreich, Chef der Zentralregierung, die neuen Flaggen allen auswärtigen Staaten offiziell anzuzeigen, vor allem der damaligen Seemacht Großbritannien. Britanniens Marine sah so die schwarz-rot-goldene Kriegsflagge als »Piratenflagge« an.

Dennoch blieb die Kriegsflagge der neu aufgestellten Reichsflotte die einzige wirklich über längere Zeit geführte deutsche Einheitsflagge. Bezeichnenderweise erlitt auch diese erste und einigermaßen effektive gesamtdeutsche Exekutivinstitution ein unrühmliches Ende: Sie wurde 1852 aufgelöst und versteigert. So wehte nur rund vier Jahre von deutschen (Kriegs-)Schiffen eine nationale Flagge.

Von der Schaffung einer Nationalflagge zu Lande sah man aufgrund all jener Schwierigkeiten überhaupt ab. Bezeichnenderweise enthielt die Verfassung des Deutschen Reiches vom

Deutsche Kriegsflagge für ein halbes Jahrhundert:
Kriegsflagge des Norddeutschen Bundes (seit 1867), des Deutschen
Kaiserreiches und der Weimarer Republik (bis 1921); hier das letztgül-
tige Muster von 1903.

28. März 1849 (»Paulskirchenverfassung«) auch keinen Passus,
der gesamtdeutsche Symbole betraf.

Rechtswirklichkeit wurde die Konstitution ja nie. Nach dem
Scheitern der Revolution löste sich das Rumpfparlament der
Nationalversammlung am 18. Juni 1849 in Stuttgart auf. Die
deutschen Farben Schwarz-Rot-Gold holte man am 2. September 1850 vom Turm der Paulskirche ein, die vom Frankfurter
Bundespalais am 15. August 1852. In verschiedenen deutschen
Staaten wurde es ausdrücklich verboten, Schwarz-Rot-Gold zu
tragen. Von wenigen Ausnahmen abgesehen sollte es nun über
ein halbes Jahrhundert dauern, bis dieses Kolorit wieder eine
politische Chance bekam. Erst einmal dominierte eine andere
Farbkomposition.

Bismarcks Tuch

Der Untergang des Deutschen Bundes und das Scheitern der demokratischen deutschen Einheits- und Freiheitsbestrebungen machten den Weg frei für Otto von Bismarck, seit 1862 preußischer Ministerpräsident, und sein Ziel einer »kleindeutschen Lösung«, also der Schaffung eines deutschen Gesamtstaates unter Ausschluß Österreichs. Sein »Medium« dazu wurde der Norddeutsche Bund, jener von Preußen geführte Staatenbund von 22 Territorien nördlich der Mainlinie, aus dem dann das zweite Deutsche Kaiserreich hervorgehen sollte.

In der Verfassung des Bundes vom 22. Juni 1867 lautete der Artikel 55: »*Die Flagge der Kriegs- und Handelsmarine ist schwarz-weiß-rot.*« Während die Kriegsflagge eine Modifikation erfuhr, blieb die Handelsflagge unverändert bei dem Trikoloremuster. Mit diesen Bundesfarben tritt uns erstmals die Farbfolge Schwarz-Weiß-Rot als deutsche Einheitsflagge entgegen. Dieses Kolorit – teilweise neben, teilweise zusammen mit Schwarz-Rot-Gold – sollte über ein dreiviertel Jahrhundert unser nationales Flaggenwesen bestimmen.

In den »Grundzügen« zu einer neuen deutschen Bundesverfassung vom 10. Juni 1866 hatte Bismarck erste, nicht spezifizierte Gedanken zur gesamtdeutschen Flaggenfrage auf See niedergelegt. Am 9. Dezember desselben Jahres setzte er den entscheidenden Satz in den Entwurf der Konstitution des Norddeutschen Bundes: »*Kauffahrteischiffe sämtlicher Bundesstaaten führen dieselbe Flagge: Schwarz-Weiß-Rot.*«

Wie kam Bismarck auf jene Farbkombination? Es kann vermutet werden, daß er dazu durch den Artikel »Deutsche und auswärtige Rhederei und die deutsche Flagge« von Dr. Adolf Soetbeer, Sekretär der Handelskammer Hamburg, erschienen am 22. September 1866 im »Bremer Handelsblatt«, angeregt worden ist. In besagtem Beitrag schlug der Verfasser u. a. vor, die preußischen Farben Schwarz-Weiß (siehe dazu auch den Preußen-Artikel S. 201) mit dem Weiß-Rot der Hansestädte zu verbinden. Einen nicht unerheblichen Einfluß bei der Farbwahl übte auch Prinz Adalbert als Preußens Marineoberbefehlshaber aus. Bei einem Vortrag vor König und Kronprinz am 25. Dezember 1866 befürwortete er gleichfalls die Farbfolge Schwarz-Weiß-Rot.

Im übrigen kann davon ausgegangen werden, daß Bismarck, der Kanzler des Norddeutschen Bundes wurde, persönlich nur sehr wenig Interesse an der Flaggenfrage hatte. Das bezeugt anschaulich sein aus dem Jahre 1871 überlieferter Ausspruch: *»Sonst ist mir das Farbenspiel einerlei. Meinetwegen grün und gelb und Tanzvergnügen, oder auch die Fahne von Mecklenburg-Strelitz.«*

Nur Schwarz-Rot-Gold sollte es nicht sein. Dieses Kolorit war in den Augen sowohl des Kanzlers als auch seines Königs Wilhelm I. seit den Revolutionsereignissen von 1848 verfemt.

Quasi im »Fliegenden Wechsel« wurde Schwarz-Weiß-Rot dann auch zu den Nationalfarben des Deutschen Kaiserreiches von 1871 bis 1918. De jure allerdings erst 1892. Erst dann wurde im Paragraph 1 der »Verordnung über die Führung der Reichsflagge« vom 8. November die Bundesflagge der deutschen Handelsmarine auch zur Nationalflagge bestimmt.

Der Flaggenstreit

Als am 9. November 1918 Philipp Scheidemann, sozialdemokratischer Abgeordneter des Reichstages, die »Deutsche Republik« ausrief, ging ein historischer Abschnitt zu Ende, nämlich die autoritäre, monarchische Staatsform. Der »Weimarer Republik« genannte erste demokratische Nationalstaat auf deutschem Boden wollte hinsichtlich der Nationalfarben an die Freiheits- und Einheitsbewegung vom Anfang des 19. Jahrhunderts anknüpfen, ohne allerdings die starken reaktionären Kräfte der Anhänger von Schwarz-Weiß-Rot zu verprellen. Ein Symbol-Spagat, der nicht gelang: Artikel 3 der Verfassung des Deutschen Reiches vom 11. August 1919 bestimmte, daß die Reichsfarben – also die Nationalflagge – Schwarz-Rot-Gold sein sollten. Doch schon im anschließenden Satz lag der kommende, unheilvolle Zwist begründet: *»Die Handelsflagge ist Schwarz-Weiß-Rot mit den Reichsfarben in der oberen inneren Ecke.«*

Damit begann der Kampf um die »wahren« deutschen Farben: Hier die demokratisch gesinnten Befürworter von
Schwarz-Rot-Gold, dort die restaurativ ausgerichteten Verfech-
ter von Schwarz-Weiß-Rot. Der »Flaggenstreit« bedeutete eine
zusätzliche Belastung der ohnehin schon vergifteten politischen Atmosphäre jener Jahre. Dazu nur ein Beispiel: Erst 1922
konnte die Reichsregierung durchsetzen, daß die vormalige
kaiserliche Reichskriegsflagge – eingeführt als Kriegsflagge des
Norddeutschen Bundes 1867 – endgültig auf den Schiffen der
Reichsmarine niedergeholt wurde.

Oben links: Trompeter vom Freikorps Lützow
Oben rechts: Zug der Studenten auf die Wartburg, 18. Oktober 1817

Zug der Demokraten auf das
Schloß Hambach, 27. Mai 1832

Flagge der Reichsflotte des
Deutschen Bundes, 1848–1852

Reichsdienstflagge im Deutschen Kaiserreich, 1893–1918

Ein fauler Kompromiß: »Schwarz-
Weiß-Rot« und »Schwarz-Rot-
Gold« in einer Flagge; hier die
Handelsflagge der Weimarer
Republik, 1922–1933

Hakenkreuzflagge der NSDAP,
Deutsche Nationalflagge von
1933–1945. (1933–1935 zusammen mit Schwarz-Weiß-Rot)

Erkennungsflagge der deutschen Schiffe von 1946–1951

Ein Land – Zwei Flaggen

Mit dem Machtantritt der Nationalsozialisten am 30. Januar 1933 endete die Zeit der Auseinandersetzung um die Staatssymbole. Die neuen Herren entschieden rasch. Knapp eineinhalb Monate nach der Regierungsübernahme erließ Reichspräsident Hindenburg am 12. März folgenden »Erlaß über die vorläufige Regelung der Flaggenhissung« (Auszug):

> *»Am heutigen Tage, an dem in ganz Deutschland die alten schwarz-weiß-roten Fahnen zu Ehren unserer Gefallenen auf Halbmast wehen, bestimme ich, daß vom morgigen Tage bis zur endgültigen Regelung der Reichsfarben die schwarz-weiß-rote Fahne und die Hakenkreuzflagge gemeinsam zu hissen sind.«*

Damit beginnt eine Episode höchst seltsamer deutscher Symbolgeschichte. Deutschland hatte nun zwei gleichberechtigte Nationalflaggen nebeneinander, die gleichzeitig zu hissen waren: die Trikolore aus der Kaiserzeit und die NS-Parteiflagge.

Die bewußt in den alten Reichsfarben gehaltene NS-Flagge (auf rotem Grund eine weiße Scheibe, darinnen ein schwarzes Hakenkreuz) war von Adolf Hitler im Sommer 1920 als Parteiflagge verbindlich vorgeschrieben worden. Ihre Zeichnung hatte er selbst angefertigt, wobei die Vorlage eines Starnberger Zahnarztes namens Friedrich Krohn eine gewisse Rolle gespielt haben mag.

Hitler erklärte die Symbolik des Tuches wie folgt: *»Als nationale Sozialisten sehen wir in unserer Flagge unser Programm. Im Rot sehen wir den sozialen Gedanken der Bewegung, im Weiß den nationalistischen, im Hakenkreuz die Mission des Kampfes für den Sieg des arischen Menschen und zugleich mit ihm auch den Sieg des Gedankens der schaffenden Arbeit, die selbst ewig antisemitisch war und antisemitisch sein wird.«*

Als Hitler nach Hindenburgs Tod 1934 unter dem Titel »Führer und Reichskanzler« die Ämter von Reichspräsident und Reichskanzler in seiner Person vereinte, den Oberbefehl über die Reichswehr übernahm und feststellen konnte, daß die NS-Herrschaft weitestgehend gefestigt war, schien die Zeit gekommen, die Hakenkreuzflagge zur einzigen Nationalflagge des Deutschen Reiches zu erheben. Das geschah durch das »Reichsflaggengesetz« vom 15. September 1935. Dessen Artikel 1 lautete: *»Die Reichsfarben sind Schwarz-Weiß-Rot«*, sein Artikel 2: *»Reichs- und Nationalflagge ist die Hakenkreuzflagge. Sie ist zugleich Handelsflagge.«*

Land ohne Flagge

Mit dem Ende des Zweiten Weltkrieges kam auch das Aus für alle nationalsozialistischen Hoheitssymbole. Bereits das erste Kontrollratsgesetz der alliierten Siegermächte vom 20. November 1945 hob diese offiziell auf. Deutschland, inzwischen »staatenlos«, war nunmehr auch flaggenlos. Die deutschen Handelsschiffe hatten allerdings gemäß Kontrollratsgesetz Nr. 39 vom 12. November 1946 den modifizierten Stander »C« des Internationalen Signalbuches zu führen. Das blau-weiß-rot-weiß-blau gestreifte Tuch galt jedoch lediglich als Erkennungszeichen, dem keinerlei Ehrenbezeigungen zu erweisen waren.

Diese schwalbenschwanzförmig ausgeschnittene Flagge, welche auch als »Badehose« verspottet wurde, mußte – zumindest in den Westzonen – bis zum 23. Februar 1951 auf allen seegängigen deutschen Schiffsfahrzeugen gesetzt werden.

Zwei Staaten – Eine Flagge

Die neue Nationalflagge der Bundesrepublik Deutschland konnte erst gehißt werden, bis bei nur einer Gegenstimme der Parlamentarische Rat am 8. Mai 1949 die neue Verfassung verabschiedete. (»Bundesflagge« Art. 22).

Der sozialdemokratische Abgesandte Ludwig Bergsträsser führte zur Begründung dieses Beschlusses aus: *»Die Tradition von Schwarz-Rot-Gold ist Einheit und Freiheit. Diese Flagge soll uns als Symbol gelten, daß die Freiheitsidee, die Idee der persönlichen Freiheit, eine der Grundlagen unseres zukünftigen Staates sein soll.«*

Auch der zweite, 1949 auf deutschem Boden entstandene Staat, die Deutsche Demokratische Republik, nahm als Landesfarben Schwarz-Rot-Gold an. 10 Jahre lang führten nun die BRD und die DDR eine identische Nationalflagge. 1959 setzte dann die DDR in ihre Flagge das Staatswappen ein. Die näheren Angaben zur DDR-Staatssymbolik entnehme der Leser bitte dem entsprechenden Kapitel auf S. 77 ff.

Vereint unter Schwarz-Rot-Gold

Am 3. Oktober 1990 trat die Deutsche Demokratische Republik gemäß Artikel 23 Grundgesetz der Bundesrepublik Deutschland bei. Unter dem Beifall Zehntausender, den Klängen des Deutschlandliedes und dem Geläut der Freiheitsglocke des Schöneberger Rathauses wurden um Mitternacht des 2. Oktober 1990 die jetzt wieder gesamtdeutschen Farben als Nationalflagge des geeinten Deutschlands aufgezogen: Schwarz, Rot und Gold.

Bundeswappen

Standarte
des Bundespräsidenten

Bundesflagge

Dienstflagge der Bundesbehörden

Bundespostflagge

Truppenfahne

Dienstflagge der Seestreitkräfte der Bundeswehr

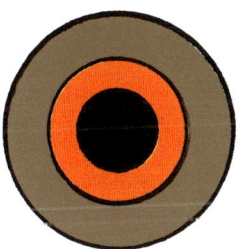

Bundeskonkarde

Erkennungszeichen für die Luftfahrzeuge und Kampffahrzeuge
der Bundeswehr

Unterm Aar seit tausend Jahr

Zur Historie des Adlerbildes als deutsches Wappen

Der Göttervogel

Als herausragendes Tiersymbol hat der Adler weltweite Verbreitung gefunden. Er galt schon in den altorientalischen Reichen der Assyrer, Babylonier und Sumerer als Synonym für herrschaftliche Autorität.

Für die Germanen war der Adler der Vogel des Gottes Odin. Für die antiken Griechen war er der Begleiter des Göttervaters Zeus und existierte dort überdies als Mythos vom Vogel Phönix, der sich selbst verbrennt, um dann verjüngt aus der Asche zu entsteigen um zu neuem Leben zu erwachen.

Neben seiner ihm daraufhin in der Spätantike zugesprochenen Eigenschaft der Unsterblichkeit sagten die Römer dem

Eine »As«-Münze mit dem Göttervogel Jupiters aus der Regierungszeit des römischen Kaisers Vespasian (69-79 n. Chr.)

Der »Denar von Quentowik« von 811 mit der ältesten uns bekannten Darstellung eines Adlers als dtsch. Kaiser- und Reichssymbol.

Die früheste Wiedergabe des deutschen Kaiser- und Reichs- wappens; Silberpfennig Kaiser Barbarossas. (Ende des 12. Jahr- hunderts).

Das deutsche Kaiser- und Reichs- wappen im Hochmittelalter; nach der Zürcher Wappenrolle (14. Jahrhundert).

Adler – bei denen er als Vogel der Sonne und des höchsten Gottes Jupiter galt – das Charakteristikum der Unbesiegbarkeit nach.

Dies veranlaßte die Römer, seit 104 v. Chr. eine Adlerfigur auf die Spitze ihrer Feldzeichen (»vexillum«) zu setzen. Der soge- nannte Legionsadler wurde somit das imperiale Herrschafts- zeichen Roms schlechthin.

Der Denar von Quentowik

Als Karl der Große am ersten Weihnachtsfeiertag des Jahres 800 nach der Messe in der Peterskirche in Rom von Papst Leo III. zum Kaiser gekrönt wurde, wollte er die antike Reichsidee der römischen Cäsaren neu beleben. Er fühlte sich gewissermaßen als Nachfolger und Erneuerer jenes Imperiums. Daher auch der Name »Heiliges Römisches Reich« für das von ihm regierte Territorium. Der Zusatz »Deutscher Nation« ist erst von einer späteren Geschichtsschreibung angefügt worden.

Aber wie konnte nun ein »Beschützer der Christenheit«, wie Karl der Große sich sah, ein heidnisches Symbol annehmen? Nun, so wie der Adler als Zeichen göttlicher Macht keine römische Erfindung war, so wenig war er der christlichen

Sigismund, deutscher König (1410) und römischer Kaiser (1433) begleitet von dem einfachen Adlerwappen und -siegel als Königszeichen
sowie dem Doppeladlerwappen und -siegel als Kaisersignum.

Emblematik fremd, und das bereits lange vor des Franken
Regentschaft.

In der Symbolsprache der Bibel wird der Adler häufig als
Sinnbild der Schnelligkeit, Kraft und Neuwerdung erwähnt.
Im übrigen gilt er der Christenheit als Sinnzeichen des aufer-
standenen Lebens, eine sicherlich von den Griechen (Vogel
»Phönix«) übernommene Metapher. Ferner ist der Adler das
Attribut des Propheten Elias (Hinweis auf dessen Himmel-
fahrt) und der Heiligen Adalbert, Cuthbert, Medarkus, Priska

Wappen des Hl. Römischen
Reiches Deutscher Nation; Ende
des 15. Jahrhunderts.

und Stanislaus. So bestand also keine »ideologische Barriere« für Kaiser Karl, den Göttervogel als sein Symbol zu erwählen. Er ließ beispielsweise auf seiner Pfalz in Aachen einen metallenen, vermutlich goldenen, Adler anbringen, der noch zu Zeiten Kaiser Heinrichs des IV., also um 1100, als weithin ins Land leuchtendes Herrschaftssignum erwähnt wird.

Die früheste uns bekannte bildliche Darstellung eines Adlers als deutsches Obrigkeitszeichen ist durch ein numismatisches Zeugnis belegt: Sie findet sich als plastische Figur auf dem Mast eines Schiffes der Flotte Kaiser Karls des Großen, und zwar wiedergegeben auf einem Denar, der 811 in der am Ärmelkanal gelegenen Stadt Quentowik (südlich Boulogne-sur-Mer) geprägt wurde.

Farbe kommt ins Bild

Diese Adlerbildwerke – seien sie nun auf den Dächern von Palästen oder auf den Masten von Schiffen installiert – waren noch nicht als Wappendarstellungen anzusehen. Die Heraldik entstand erst im frühen 12. Jahrhundert.

Für diese erste heraldische Adlerwiedergabe ist wiederum eine Münze erste nachweisliche Quelle: zu sehen auf einem zwischen 1172 und 1190 in Maastricht geschlagenen Silberpfennig Kaiser Friedrich I., genannt »Barbarossa«, der von 1152 bis 1190 regierte. Das Adlerbild kann als Gegenstück zu dem Löwenwappen Herzog Heinrichs von Brabant gelten. Damit begann ein für die mittelalterliche Zeit bemerkenswerter »Symbolzweikampf«: Auf der einen Seite der die Zentralgewalt repräsentierende kaiserliche Adler, auf der anderen Seite der Löwe, Symbol der auf ihre Rechte pochenden Landesfürsten.

Was die Wappenzeichnungen angeht, so waren diese bis zur Wende vom 12. zum 13. Jahrhundert farblos. Nun bildete sich die klassische Farbgebung des deutschen Kaiser- bzw. Reichswappens heraus: Auf goldenem Grund der schwarze Adler. Erst im 14. Jahrhundert bürgerte sich der Brauch ein, Fänge, Zunge und Schnabel rot zu tingieren.

Der erste Beleg für diese Farbstellung bietet das zu den Reichskleinodien gehörende Schwert des Mauritius mit dem bunt emaillierten Wappen des römischen Königs Otto IV., König 1198–1215 bzw. römischer Kaiser 1212–1218. Der schwarze Reichsadler auf goldenem Grund ist erstmals durch eine Miniatur der Weltchronik des Otto von Freising (1200) bezeugt. Als siegelführendes Reichswappen erstmals wiedergegeben durch ein Geheimsiegel Rudolfs von Habsburg, jenes Fürsten, der das sogenannte Interregnum, die kaiserlose, die schreckliche Zeit, 1273 beendete und diese weltgeschichtliche Rolle zum Anlaß nahm, mit einem Adlerwappenschild auch zu siegeln.

Das berühmte, zwischen 1260 und 1264 entstandene Wappengedicht des Conrad von Mure (um 1210–1281), Kantor am Großmünster zu Zürich, bestätigt die kaiserlichen Wappenfarben: »*der Adler ist schwarz im goldenen Schild*«. Es erhebt sich nun die Frage nach den Gründen dieser Farbgebung. Bei der schwarzen Adlerwiedergabe ist das augenscheinlich: man richtete sich eben nach der naturgegebenen Kolorierung. Ornithologisch stellt der Kaiseradler allerdings keinen bestimmten diesbezüglichen Vogeltyp dar, wenn auch zu vermuten ist, daß der Steinadler der »Naturvater« des deutschen Wappentieres ist.

In diesem Zusammenhang muß daraufhin hingewiesen werden, daß die Wappenkunde keine natürlichen Bildwiedergaben kennt. Wichtig ist nur, daß das Wappenbild im Falle eines der Natur entlehnten Lebewesens als solches zu erkennen sein soll. Bezüglich des Adlers ist hier als bemerkenswertes Beispiel der rote Aar Brandenburgs anzusehen, denn in der Natur wird man einem roten König der Lüfte nicht begegnen.

Die goldene Grundfarbe des Schildes wurde sicherlich aus zwei Gründen gewählt: Zum einen besagt eine Hauptregel der Heraldik, daß jedes Wappen mindestens eine der vier »echten« Farben, also Blau, Rot, Grün oder Schwarz, und ein »Metall«, d. h. Gold/Gelb oder Silber/Weiß, enthalten soll; zum anderen galt Gold spätestens seit byzantinischen Zeiten als Kaiserfarbe.

Wie schon gesagt, trat als dritte – hier allerdings als unwesentlich anzusehende – Wappenfarbe das Rot hinzu; aller

Wahrscheinlichkeit nach lediglich aus heraldisch-modischen und dekorativen Gründen. Die »Große Heidelberger Lieder-handschrift«, der »Codex Manesse«, und die »Zürcher Wap-penrolle«, beide in der ersten Hälfte des 14. Jahrhunderts ent-standen, sind die frühesten Bildzeugnisse dieser vollen Farb-gebung des Adlerbildes und -schildes. Seit jener Zeit gilt diese Grundform bis auf den heutigen Tag als deutsches Kaiser-, Reichs- und Bundeswappen.

Das zweite Gesicht

Dem geschichtlich Interessierten wird aufgefallen sein, Dar-stellungen des alten Reichswappens mit einem Doppeladler gesehen zu haben. Bereits der englische Chronist Matthäus Parisiensis beschreibt das Wappen Kaiser Friedrichs II. (1212/15–1250) so: »*Scutum aureum, aquila biceps vel moniceps*« = Goldener Schild, Adler zwei- oder einköpfig. Dieses Bild war bereits aus dem Oströmischen Reich bekannt, wo der Kaiser von Byzanz als Herrschaftssignum einen goldenen Doppel-adler auf rotem Grund führte, ohne natürlich in einem Wap-penschild zu liegen.

Hinsichtlich der Motive für die Wahl des doppelköpfigen Adlers sind wir weitgehend auf Vermutungen angewiesen. Vielleicht lag es aber an der »öffentlichen Meinung« der Men-schen des Mittelalters, die den Kaiseradler als zweiköpfig, den Königsadler als einköpfig »hervorbrachten«. Schließlich war es allen bekannt, daß sich der zum deutschen König erwählte Herrscher erst dann Kaiser nennen durfte, wenn er als solcher – anfänglich stets in Rom vom Papst – gesalbt worden war, was unzweifelhaft eine Rangerhöhung bedeutete. Also hatte auch der Kaiseradler »mächtiger« zu wirken als der Königs-adler. War doch das Mittelalter viel stärker durch Bilder geprägt als durch die Schrift, die dem »kleinen Mann auf der Straße« bis in die Neuzeit hinein ein »Buch mit sieben Siegeln« blieb.

Ende 1400 fiel die Entscheidung, daß der Kaiser als Ober-haupt des Reiches durch einen Doppeladler zu repräsentieren sei und zwar erst, wenn er den Kaisertitel erlangt hatte. Sigismund von Luxemburg war sich offenbar wohl bewußt, was er beschloß, da er zum Reichsverweser für seinen regierungsunfähigen Bruder Wenzel eingesetzt wurde und fürderhin mit dem Doppeladler siegelte. Davon nahm er Abstand, als er zum Römischen König gewählt und somit faktischer Herrscher wurde, aber noch nicht an seinem Ziel war. Römischer Kaiser zu werden war seine Absicht, 1417 anvisiert und erst 1433, immerhin noch vier Jahre vor dem Tod, erreicht. 1417, es existiert noch die Bestellnotiz, wurde das Kaisersiegel in Auftrag gegeben, aber erst 16 Jahre später in Gebrauch genommen.

Seitdem war ohne Ausnahme der Doppeladler das heraldische Sinnbild des Römisch-Deutschen Kaisers und gleichzeitig des Heiligen Römischen Reiches Deutscher Nation. Seit Friedrich III. (1440–1493), einem an der Wappenkunde sehr interessierten Kaiser, legten die deutschen Herrscher das Wappen ihres Geschlechtes dem Adler auf die Brust.

Seit dem 15. Jahrhundert drückten die Monarchen die Heiligkeit ihres Reiches und ihre von der »göttlichen Vorsehung« abgeleitete Herrschermacht durch Heiligenscheine, »Nimben«, hinter den Adlerköpfen aus und ließen den Adler im rechten Fang zusätzlich zum Schwert ein Zepter halten. Kaiserinnen durften zwar den Doppeladler mit der Kaiserkrone und auch mit Krönchen auf den Köpfen führen, jedoch ohne die Attribute der Regierungsgewalt: Reichsapfel, Schwert und Zepter.

Der entführte Doppeladler

400 Jahre später senkte sich auch über diesem langlebigen – stets in sich stark partikularistisch ausgerichteten – Staatsgebilde der Vorhang der Vergänglichkeit nieder. Das erste deutsche Reich zerbrach ursächlich an neuzeitlichen verfassungs- und verwaltungsrechtlichen Erfordernissen und Gegebenheiten, die eine veränderte territorialstaatliche Gliederung des Gemeinwesens als unabdingbar erscheinen ließen.

Neben den innerstaatlich begründeten Wurzeln des Scheiterns des Heiligen Römischen Reiches Deutscher Nation kam allerdings auch ein handfester äußerer Anlaß hinzu: die militärischen Niederlagen des Reiches bzw. Preußens und Österreichs zu Ende des 18., Anfang des 19. Jahrhunderts gegen die Expansionszüge des neuen Herrschers Frankreichs, Napoléon.

Der Doppeladler war inzwischen so sehr das Sinnbild des Kaisertums geworden, daß, als 1804 das Ende des römisch-deutschen Reiches zu befürchten stand, sich der damalige Kaiser aus dem Hause Habsburg-Lothringen, Franz II., zum Erbkaiser von Österreich proklamierte und als solcher sich Franz I. nannte, wobei der römisch-kaiserliche Titel für Franz II. daneben bis 1806 bestehen blieb.

Am 12. Juli 1806 schlossen sich 16 deutsche Reichsstände unter französischer Schutzherrschaft zum »Rheinbund« zusammen. Es war daher nur noch ein letzter formaler Akt, als Kaiser Franz am 6. August desselben Jahres – auf ein Ultimatum Napoléons hin (seit zwei Jahren »Kaiser der Franzosen«) – die deutsche Kaiserwürde niederlegte und das römisch-deutsche Kaisertum für erloschen erklärte.

Damit gab es in Deutschland keinen Kaiser, kein Reich und auch kein Staatswappen mehr. Das hatte nämlich Kaiser Franz nach Österreich »mitgehen lassen«: Bis zum Ende des Habsburger Reiches 1918 wurde der Doppeladler nun das Wappenbild Österreichs.

Deutschland führte fortan, so es überhaupt ein gesamtstaatliches Wappen gab, lediglich den einköpfigen Adler wieder im Schild.

Die »Wilden Männer« kommen

Von 1806 bis 1815 existierte kein als gesamtdeutsch anzusehendes Staatsgebilde. Am 8. Juni 1815 wurde der »Deutsche Bund« gegründet. Dieser auf dem Wiener Kongreß ins Leben gerufene Zusammenschluß souveräner deutscher Fürsten – unter Einschluß Österreichs und Freier Städte – bestand zuletzt aus 33 Mitgliedern.

Im Siegel der Bundesversammlung wurde das österreichische Wappen geführt, und zwar bis 1846. Der Grund dafür war, daß Österreich den Vorsitz in dem Gremium führte. Selbst im Revolutionsjahr 1848 manifestierte sich die Vormachtstellung des Kaisertums Österreich, als am 9. März 1848 der Deutsche Bund einen Doppeladler – schwarz mit goldenem Schnabel, goldenen Klauen und roter Zunge – zum Bundeswappen erhob. Wenn auch aller monarchischer Attribute entledigt, war doch auch dieser Adler durch seine doppelköpfige Gestalt ein Hinweis auf ein ersehntes deutsches Reich unter Führung eines – österreichischen – Kaisers und damit symbolischer Ausdruck gegen eine deutsch-nationale »kleinstaatliche« Lösung unter Ausschluß Österreichs.

Besagtes Wappen wurde aber kaum verwendet. Ein Beschluß, den Doppeladler offiziell zum deutschen Reichswappen zu erklären, kam infolge des Scheiterns der 48er Revolution nicht mehr zum Tragen. Mit dem Mißlingen der liberalbürgerlichen Erhebung, die die Nichtverwirklichung der Paulskirchenverfassung und die Auflösung der Nationalversammlung als Ergebnis zeitigte, gab es wiederum keinen staatlichen deutschen »Dachverband« mehr.

Die Ära nach 1848 stand zunehmend im Zeichen des Gegensatzes Preußen–Österreich. Dieser führte schließlich zum »Deutschen Krieg« von 1866 mit der militärischen Niederlage des Habsburgerreiches. Damit war Preußen die politisch-militärische Führung in Deutschland zugefallen.

Gleichzeitig war nun das Ziel des preußischen Ministerpräsidenten Bismarck erreicht, die »Kleindeutsche Lösung« eines neuen Gesamtstaates durchzusetzen. Ein erster Schritt dazu

Hoheitszeichen (»Bundeswappen«)
des Deutschen Bundes. 1848.

war 1867 die Etablierung des »Norddeutschen Bundes« von 22
Mittel- und Kleinstaaten und Freien Städten nördlich der
Mainlinie.

Das sogenannte »Konsulatswappen« des Norddeutschen
Bundes zeigte einen schwarz-weiß-rot gestreiften Schild; als
Schildhalter fungierten zwei »Wilde Männer«. Auf dem Schild
ruhte die preußische Königskrone. Das Wappen mit der Triko-
lore war eine Verschmelzung der preußischen Farben
Schwarz-Weiß mit dem traditionellen Kolorit der Hansestädte,
Weiß-Rot.

Sehen wir von dem Sonderfall des DDR-Hoheitsemblems
(siehe S. 77 ff.) ab, war das Wappen des Norddeutschen Bundes das einzige und zudem sehr kurze Zwischenspiel in der
(gesamt-)deutschen Historie, in der nicht das Bild eines Adlers
als nationales heraldisches Kennzeichen in Erscheinung trat.

Mit der Ausrufung des preußischen Königs Wilhelm I. zum
Deutschen Kaiser im Spiegelsaal des Schlosses zu Versailles
am 18. Januar 1871 wurde der Schlußpunkt zur Schaffung
eines deutschen Nationalstaates gesetzt.

Konsulatswappen des Norddeutschen Bundes 1867–1871; hier auf einem Posthausschild.

Wilhelm I. war der Meinung, daß »das alte deutsche Wappen der einköpfige Adler« sei. Darin und in diversen seinerzeit veröffentlichten Stellungnahmen und Denkschriften kam die gleiche Meinung zum Ausdruck. Eine Widerspiegelung der

Tatsache, daß aus naheliegenden politischen Erwägungen heraus der Doppeladler als heraldisches Symbol Deutschlands
nicht mehr in Frage kam: Nach der Beendigung des deutschen
Bruderkrieges 1866 wurde der Österreichisch kennzeichnende
Doppeladler mehr und mehr unter ungarischem Druck (historisches Stichwort: Ausgleich 1867) auf Cisleithanien be-
schränkt. Ein Hauptgrund für das von Preußen aus der Taufe
gehobene neue deutsche Reich, zum einköpfigen Reichsadler
der Hohenstaufen zurückzukehren.

Über verschiedene Zwischenstufen heraldischer Vorläufer
kam es zu dem neuen Wappenemblem des zweiten Kaiserreiches. Am 3. August 1871 war der »Kaiserliche Erlaß über die
kaiserlichen Wappen und Standarten« ergangen, zu dem mit
Datum vom 15. Oktober 1871 nähere Ausführungsbestimmun-
gen ergingen. Bezüglich des Reichsadlers lautete dessen
Beschreibung:

>»Der Reichsadler ist schwarz, roth bewehrt (d. h. mit rothem
Schnabel und rothen Klauen) und roth gezungt. Auf der Brust desselben liegt der Königlich Preußische Wappenschild, silbern, darin ein
schwarzer, goldbewehrter, rothgezungter und mit der Königskrone
gekrönter Adler, welcher mit der rechten Klaue den goldenen Königs-
zepter, mit der linken einen blauen, goldbereiften und bekreuzten
Reichsapfel hält. Seine Flügel sind mit goldenen Kleestängeln besteckt.
Auf der Brust trägt er den von Silber und Schwarz gevierten Hohen-
zollerischen Stammschild._

_Um den Königlich Preußischen Wappenschild schlingt sich die
Kette des hohen Ordens vom schwarzen Adler, wenn nicht der Reichsadler, wie weiterhin beschrieben, selbst in ein Schild gesetzt ist.«_

Ein **Reichswappen** gab es bis zum Ende des zweiten deut-
schen Kaiserreiches nicht (wohl aber ein Kaiserwappen); seine
Funktion übernahm das »Heraldische Reichssymbol«, eben der
Reichsadler.

Kaiser Wilhelm I., Nachfolger Friedrich III., und Wilhelm II.
konnten sich mit der künstlerischen Gestaltung der Hoheitssymbole nie recht anfreunden. So erging am 6. Dezember 1888
ein »Allerhöchster Erlaß« Wilhelms II., der auch eine Modifika-

tion der Reichsadlerzeichnung zum Inhalt hatte, in dem die Beschreibung jedoch wortgleich jener von 1871 blieb.

Höchst bemerkenswert ist, daß sowohl in der Beschreibung von 1871 als auch in der von 1888 zu erwähnen versäumt wurde, daß über dem Reichsadler die Reichskrone mit den auffliegenden Bändern, »Pendilien«, schwebt. In diesem Zusammenhang soll nicht unerwähnt bleiben, daß es besagte Reichskrone tatsächlich nie gab. Sie existierte lediglich als Holzmodell. Die Reichsadlerform im Design von 1888, im ganzen »wuchtiger« als ihre Vorgängerausführung, war dann bis zum Ende der Monarchie 1918 gültig.

Der Papageien-Aar

Nach dem verlorenen Ersten Weltkrieg und der Gründung der Weimarer Republik war ein mit monarchischen Beigaben versehenes Wappen natürlich nicht mehr tragbar. Beim Adler als dem traditionellen deutschen Wappentier blieb man jedoch ohne Diskussion. So erfolgte am 11. November 1919 in Form einer »Bekanntmachung« die amtliche Veröffentlichung der Beschreibung des neuen Hoheitssymbols, während die offizielle Musterzeichnung nie amtlich bekanntgemacht wurde.

Der Adler war in Schwarz gehalten, mit roter Bewehrung. In seiner nicht freischwebenden Form lag er als »Reichswappen« in einem goldenen Schild. Beide Entwürfe stammten von Prof. Emil Doepler d. J., der schon den Reichsadler von 1888 entworfen hatte. Doch mit diesem »papageienschnabeligen Adler« war man weit und breit nicht zufrieden. Folge davon war, daß wir im Laufe der Weimarer Republik auf verschiedene heraldisch-graphische Ausführungen des Reichsadlers zu den unterschiedlichsten Gegebenheiten und Verwaltungszwecken stoßen. Diese fanden ihre juristische Rechtfertigung darin, daß es in der eben genannten Bekanntmachung hieß, die *»künstlerische Ausgestaltung bleibt für jeden Zweck vorbehalten«*. Damit war die in der Monarchie durchgesetzte »Mustertreue« der amtlichen heraldischen Adlerdarstellung durchbrochen.

Reichsadler des Deutschen Kaiserreiches, 1889–1918

Bild oben: Hoheitszeichen des
Deutschen Reiches 1935/36–1945

Bild links: Reichswappen der
Weimarer Republik, 1919

Gegen Ende der 20er Jahre entwarf dann Tobias Schwab von der Berliner Staatlichen Hochschule für freie und angewandte Kunst jenes Reichswappen, das bis zum Ende der Weimarer Republik als amtliches Muster galt – und 1950 zum Bundeswappen der Bundesrepublik Deutschland wurde.

In den Klauen das Hakenkreuz

Der Antritt der nationalsozialistisch beherrschten Regierung im Januar 1933 brachte bezüglich des Staatswappens keine sofortige Änderung hinsichtlich einer »ideologischen Wappenangleichung«. Man vermied es jedoch, den Adlerentwurf Schwabs zu verwenden, vielmehr wurde auf Adlerformen aus der Frühzeit der ersten deutschen Republik zurückgegriffen.

Erst mit der »Verordnung über die Hoheitszeichen des Reiches« vom 5. November 1935 wurde eine Revision vorgenommen. Dort heißt es u. a. wörtlich: »*Um der Einheit von Partei und Staat auch in ihren Sinnbildern Ausdruck zu verleihen*«, bestimmte der Führer und Reichskanzler Adolf Hitler, daß »*das Reich als Sinnbild seiner Hoheit das Hoheitszeichen der Nationalsozialistischen Deutschen Arbeiterpartei*« führt. Das Emblem gab es im übrigen nur in schwarzweißer Ausführung.

Der Ursprung des Parteiabzeichens ist nicht mehr in allen Einzelheiten zu klären. Sicher ist, daß das Grundmuster auf einem Entwurf basiert, den Anfang 1920 der Nürnberger Goldschmied Josef Fueß vorlegte. Adolf Hitler wählte es daraufhin im Frühjahr zum Symbol der »Nationalsozialistischen Deutschen Arbeiterpartei« (NSDAP) aus, nach der Machtübernahme 1933 bezeichnenderweise als »Hoheitszeichen« wie ein Staatssymbol tituliert.

Das Hakenkreuz, jahrtausendelang in vielen Weltkulturen als segenbringendes bzw. beschwörendes Heilszeichen bekannt, erhielt seinen politischen, faschistischen Bedeutungsinhalt erst um die Wende des 19. zum 20. Jahrhundert. Dieses auch »Swastika« genannte Zeichen wurde seinerzeit zum bevorzugten Symbol verschiedener Gruppen der »völkischen« Bewegung in Deutschland und Österreich, insbesondere aber zum

Feldzeichen des Antisemitismus. So wurde es zum symbolge-
schichtlich ältesten faschistischen Zeichen überhaupt.

Adolf Hitler, der in seinem Buch »Mein Kampf« ausführlich
seine Methoden zur Lenkung und Beeinflussung der Massen
schilderte, wandte politischen Symbolen seine besondere Aufmerksamkeit zu und formte das Hakenkreuz zu einem totalitä-
ren Kampfsymbol um.

Damit wurde erstmals in der Geschichte Deutschlands ein Par-
teiabzeichen Staatssymbol. Besagtes Hoheitszeichen war dem
Muster des Legionsadlers des antiken römischen Reiches nach-
gebildet. Nach Auffassung der Nationalsozialisten sollte ja auch
ein neues Imperium entstehen, an der Spitze ein Cäsar, nun
»Führer« genannt. Ein Staatswappen im heraldischen Sinne gab
es seitdem während des gesamten Dritten Reiches nicht mehr.

Bereits vier Monate später trat mit der am 7. März 1936
erlassenen »Verordnung über die Gestaltung des Hoheitszeichens des Reiches« eine Modifikation des neuen Staatssymbols
ein. In dem Dekret heißt es u. a.:

*»Das Hoheitszeichen des Reichs zeigt das Hakenkreuz, von einem
Eichenkranz umgeben, auf dem Eichenkranz ein Adler mit geschlossenen Flügeln. Der Kopf des Adlers ist nach rechts gewendet. Bei dem
sonst mit dem Hoheitszeichen des Reichs übereinstimmenden Hoheitszeichen der Nationalsozialistischen Arbeiterpartei ist der Adlerkopf
nach links gewendet.«*

Alleiniger Grund für die so ungewöhnlich schnelle Abwand-
lung des Hoheitszeichens war die Blickrichtung des Adlers:
Zumindest nach außen wollte man vermeiden, daß der Eindruck entstand, Partei und Staat seien nun gleichzusetzen.
Also konnten auch deren beider Abzeichen nicht identisch
sein. Andererseits wollte man, auch und gerade symbolisch,
weiterhin eine augenfällige Übereinstimmung nicht verhehlen.

Ergebnis: Dem Parteiadler wurde der Hals »umgedreht«. Er
blickte nun, heraldisch gesehen, nach links. Der Staatsadler sah
fortan allein auf den »rechten« Weg, wappenkundlich verstanden. Übrigens gelten in der Wappenlehre heraldisch nach links
gewendete Köpfe, so sie allein im Feld stehen, als »bastardig«.

Der Neue ist der Alte

In Folge des Ergebnisses des Zweiten Weltkrieges konstituierten sich auf deutschem Boden zwei politisch und gesellschaftlich gegensätzlich strukturierte Staatswesen: die Bundesrepublik Deutschland und die Deutsche Demokratische Republik.

In der BR Deutschland war es keine Frage, den Adler wieder als staatliches Wappentier zu verwenden. Bezüglich der genauen Vorlage griff man auf jenen 1927 von Tobias Schwab gezeichneten Entwurf zurück.

Am 20. Januar 1950 erging die »Bekanntmachung betreffend das Bundeswappen und den Bundesadler«, an erster Stelle unterschrieben vom damaligen Bundespräsidenten Theodor Heuss. Der Text hat folgenden Wortlaut:

»Aufgrund eines Beschlusses der Bundesregierung gebe ich hiermit bekannt, daß das Bundeswappen auf goldgelbem Grund den einköpfigen schwarzen Adler zeigt, den Kopf nach rechts gewendet, die Flügel offen, aber mit geschlossenem Gefieder, Schnabel, Zunge und Fänge von roter Farbe.

Wird der Bundesadler ohne Umrahmung dargestellt, so sind das gleiche Bild und die gleichen Farben wie beim Adler im Bundeswappen zu verwenden, doch sind die Spitzen des Gefieders nach außen gerichtet.

Die im Bundesministerium des Innern verwahrten Muster sind für die heraldische Gestaltung des Bundeswappens maßgebend. Die künstlerische Ausgestaltung bleibt für jeden besonderen Zweck vorbehalten.«

Das amtliche farbige Muster des Bundeswappens wurde erst zwei Jahre später im Bundesanzeiger vom 2. September 1952 veröffentlicht.

Der Text vorstehender Bekanntmachung ist im übrigen jenem wortgleich, der drei Jahrzehnte zuvor zur Einführung des Weimarer Staatswappens verfaßt wurde, lediglich der Begriff »Reich« ist durch »Bund« ersetzt worden.

Aufgrund des Passus' »Die künstlerische Ausgestaltung bleibt für jeden besonderen Zweck vorbehalten« hat sich in der

Bundeswappen der Bundesrepublik Deutschland

Praxis ergeben, daß zwar nur **ein Bundeswappen** existiert, es aber **verschiedene Bundesadler** gibt. So unterscheidet sich z. B. der Adler in der Standarte des Bundespräsidenten von jenem in der Bundesdienstflagge, ist der Adler im Deutschen Bundestag resp. Reichstag von anderer Zeichnung als der auf den amtlichen Drucksachen der Bundesregierung. Und auf den Münzen der Bundesrepublik Deutschland herrscht seit bald 50 Jahren eine wahre Formenvielfalt von Adlerdarstellungen, sicherlich nicht immer die Prädikate »asthetisch« und »künstlerisch wertvoll« verdienend – von heraldischer Schönheit gar nicht zu reden.

Mit der Wiedervereinigung 1990 wurde das Adlerbild wieder zum Staatswappen Gesamtdeutschlands.

Amtsschilder
der Bundesbehörden

Inland

Ausland

Dienstsiegel der Bundesbehörden

Großes Bundessiegel

Kleines Bundessiegel
als Farbdruckstempel

Kleines Bundessiegel
als Prägestempel

Einigkeit und Recht und Freiheit

Zur Geschichte des Deutschland-Liedes

Das Lied der Deutschen:
Handschriftliche Fassung der dritten Strophe des Liedes der Deutschen von Hoffmann von Fallersleben aus dem Jahr 1841

Dreiklang der Sehnsucht

»Einigkeit und Recht und Freiheit! Dieser Dreiklang aus dem Liede des Dichters gab im Zeichen innerer Zersplitterung und Unterdrückung der Sehnsucht aller Deutschen Ausdruck, er soll auch jetzt unseren harten Weg zu einer besseren Zukunft begleiten. Sein Lied, gesungen gegen Zwietracht und Willkür, soll nicht Mißbrauch finden im Parteikampf, er soll nicht Kampfgesang derer werden, gegen die es gerichtet war; es soll auch nicht dienen als Ausdruck nationalistischer Überhebung. Aber so wie einst der Dichter, so lieben wir heute Deutschland über alles. In Erfüllung seiner Sehnsucht soll unter den schwarz-rot-goldenen Fahnen der Sang von Einigkeit und Recht und Freiheit der festliche Ausdruck unserer vaterländischen Gefühle sein!«

Vorstehend zitierte Sätze stammen aus der Hymnen-Proklamation des ersten Reichspräsidenten Friedrich Ebert (Amtszeit: 1919–1925) vom 11. August 1922.

Die Republik von Weimar gedachte alljährlich am 11. August der Verkündung der Reichsverfassung von 1919. Damit gilt der 11. August 1922 als das Geburtsdatum der Einsetzung der ersten deutschen Nationalhymne – des »Liedes der Deutschen«. Die Staatsweise ist also über sieben Jahrzehnte alt, ist

Sonder-Briefmarke der Deutschen Bundespost zum 150. Jahrestag der Dichtung des Deutschland-Liedes vom 8. August 1991.

Nationalhymne der Bundesrepublik Deutschland

jedoch in einem Gesamtdeutschland lediglich 23 Jahre (1922–1945) als solche in Gebrauch gewesen; und nun wiederum ab dem 3. Oktober 1990, dem Tag der deutschen Wiedervereinigung.

»Wenn ich dann so wandelte …«

Das von August Heinrich Hoffmann von Fallersleben (1798–1874) verfaßte »Lied der Deutschen« hat folgenden dreistrophigen Text:

1. *»Deutschland, Deutschland über alles*
   Über alles in der Welt,
   Wenn es stets zu Schutz und Trutze
   Brüderlich zusammenhält.
   Von der Maas bis an die Memel,
   Von der Etsch bis an den Belt –
   Deutschland, Deutschland über alles,
   Über alles in der Welt!

2. *Deutsche Frauen, deutsche Treue,*
   Deutscher Wein und deutscher Sang
   Sollen in der Welt behalten
   Ihren alten schönen Klang,
   Uns zu edler Tat begeistern
   Unser ganzes Leben lang.
   Deutsche Frauen, deutsche Treue,
   Deutscher Wein und deutscher Sang!

3. *Einigkeit und Recht und Freiheit*
   Für das deutsche Vaterland!
   Danach laßt uns alle streben
   Brüderlich mit Herz und Hand!
   Einigkeit und Recht und Freiheit
   Sind des Glückes Unterpfand –
   Blüh' im Glanze dieses Glückes,
   Blühe deutsches Vaterland!«

Der Bürgermeistersohn A. Heinrich Hoffmann nannte sich nach seiner Vaterstadt Fallersleben in Niedersachsen (heute in Wolfsburg eingemeindet), wo er am 2. April 1798 geboren wurde. Er studierte Literatur und beschäftigte sich mit Germanistik, angeregt durch die Arbeiten der Gebrüder Grimm. Hoffmann schrieb Liebesgedichte, patriotische Verse sowie Kinder- und Volkslieder. Nicht allen ist wohl z. B. bekannt, daß er der Autor so bekannter Weisen ist wie: »Alle Vögel sind schon da«, »Kuckuck ruft's aus dem Wald« und »Morgen kommt der Weihnachtsmann«.

Im Jahre 1830 wurde der Texter der deutschen Nationalhymne Professor für Literatur- und Sprachwissenschaften in Breslau. Professor Hoffmann, ein im Geiste seiner Zeit sehr vaterländisch, man könnte sogar sagen nationalistisch denkender Mann – setzte sich mit seinen liberalen Denkweisen in Gegensatz zu dem für ihn zuständigen politisch reaktionär ausgerichteten preußischen Kultusministerium. 1842 verlor er denn auch seinen Lehrstuhl, wurde gar zum Staatsfeind erklärt und mußte Preußen verlassen. Nach sehr unruhigen Jahren des Umherziehens fand Hoffmann schließlich ab 1860 für seine letzten Lebensjahre beim Herzog von Ratibor in Corvey an der Weser eine Stelle als Bibliothekar. Hier starb er am 19. Januar 1874.

Grund für die Vertreibung aus Schlesien waren vor allem seine von ihm zwar »Unpolitische Lieder« genannten Texte, welche aber sehr wohl politisch waren. Das ist allein schon daraus zu ersehen, daß sie sofort nach ihrem Druck Publikationsverbot in Preußen erhielten.

Im Jahre 1841 hielt sich Hoffmann von Fallersleben zur Sommerfrische auf der Insel Helgoland auf, welche damals noch englischer Besitz war. Hier entstand der zweite Teil der »Unpolitischen Lieder«. Angeregt zum Verfassen dieser Texte wurde er dort durch das Zusammentreffen mit Demokraten aus Hannover, die sich durch den Bruch der Verfassung von 1833 durch den konservativen König Ernst August von Hannover zu einem, wir würden heute sagen »Dissidentenzirkel« zusammengefunden hatten.

Bekanntestes Werk dieser Stücke wurde das »Lied der Deutschen«. Hoffmann beschreibt in seiner Biographie die Entstehung: »*Wenn ich dann so wandelte einsam auf der Klippe, nichts als Meer und Himmel um mich sah, da ward mir so eigen zu Mute, ich mußte dichten, und wenn ich es auch nicht gewollt hätte. So entstand am 26. August das Lied: ›Deutschland, Deutschland über alles!‹ . . .*«

Inwieweit der Dichter hierbei von historischen literarischen Vorlagen beeinflußt wurde, ist schlüssig nicht ersichtlich. Hoffmann selbst hat darüber nie etwas verlautbaren lassen. Bemerkenswert ist jedoch, daß das Lied deutliche Anklänge an Walther von der Vogelweides »Ir sult sprechen Willekomen« hat. Es kann aber davon ausgegangen werden, daß dem Linguisten Hoffmann jenes in mittelhochdeutscher Sprache abgefaßte Fahrtenlied des berühmten Minnesängers bekannt war.

Bevor wir nun den weiteren historischen Werdegang des »Deutschlandliedes« verfolgen wollen, ist es an der Zeit, auf die Geschichte der Melodie einzugehen.

Haydns Opus

Die deutsche Nationalhymne ist die einzige Staatsweise auf dem Globus, deren Noten eindeutig und unzweifelhaft von einem weltweit anerkannten Komponisten der Klassik stammen: Joseph Haydn (1732–1809). Die eindrucksvoll-erhabene, feierlich-choralhafte Melodie erlangte wahre Volksbeliebtheit und gilt allgemein als eine der musikalisch kunstvollsten klingenden Staatssymbole überhaupt.

Bevor die Melodie aber deutsche Nationalhymne wurde, fungierte sie schon lange als Staaatsweise unseres Nachbarlandes Österreich, und zwar offiziell seit dem 27. März 1854. Das Lied, das mit den Worten »*Gott erhalte, Gott beschütze unsern Kaiser, unser Land!*« beginnt, wurde, was die Melodie betrifft, öffentlich allerdings noch früher aufgeführt. Das war am 12. Februar 1797, als Geburtstagsständchen für Kaiser Franz I., und zwar mit den Eingangsworten »*Gott erhalte Franz, den Kaiser!*« Bis zum Ende der österreichischen Monarchie 1918 blieb dann die Haydn-Melodie, bei gelegentlich veränderten Strophen, die Nationalhymne des Landes (mit anderem Text später dann erneut von 1929–1938).

Die Inspiration zur Schaffung einer österreichischischen Hymne kam Haydn wohl bei seinem Aufenthalt in England, als er das »God save the King« hörte. Förderer seiner Idee bei Hofe war sein Freund Baron Gottfried von Swieten, ein Oratoriendichter. Nicht vergessen werden sollte in diesem Zusammenhang auch eine politische Ausrichtung: Haydns Musikstück galt nicht zuletzt als propagandistischer »Gegenschlag« zur französischen Revolutionsweise der »Marseillaise« (1792 entstanden, 1795 zur französischen Hymne erhoben). Zur Erinnerung: Österreich befand sich 1792–1797 im sogenannten Ersten Koalitionskrieg gegen Napoléons Truppen.

Musikwissenschaftler leiten die im Januar 1797 komponierte Melodie von zwei Hauptquellen ab: dem kroatischen Kinderlied »Vjatro rano« (»Morgenfrühe«) und dem Kirchenlied »Christen singt mit frohem Herzen«. Doch erst mit Haydns Bearbeitungen wurde die Weise zu einer Melodie von wahrhaft klassischem Zuschnitt.

Bei der besagten ersten öffentlichen Aufführung des Liedes im Wiener Hoftheater kam es zu einer begeisterten Aufnahme des Musikstückes. Der Kaiser war zutiefst gerührt.

Die später von Haydn zum meisterhaften »Kaiserquartett« in C-Dur (op. 76, Nr. 3) erweiterten Komposition hatte hiermit ihren musikalischen Siegeszug angetreten.

Uraufführung auf dem Jungfernstieg

Kehren wir nun in das Jahr 1841 und zu Hoffmann von Fallersleben zurück. Während seines Kuraufenthaltes auf Helgoland besuchten den Dichter der Hamburger Verleger Julius Campe und der Stuttgarter Buchhändler Paul Neff. Julius Campe kaufte Hoffmann für 4 Louidors das »Lied der Deutschen« ab, unterlegte es mit der Haydnschen Melodie und veröffentlichte das Stück bereits fünf Tage nach seiner Entstehung als Einzeldruck, arrangiert für Singstimme, Klavier und Gitarre. Für 2 Groschen war Deutschlands nachmalige Nationalhymne damals zu erstehen.

Gut einen Monat später fand die musikalische Uraufführung statt: am 5. Oktober 1841 vor »Streit's Hotel« auf dem Hamburger Jungfernstieg. Vorgetragen wurde das Stück von der »Hamburger Liedertafel«, einem berühmten Hamburger Männerchor, wobei auch Hoffmann von Fallersleben anwesend war. Die Melodie wurde zu Ehren des badischen Liberalen und Staatsrechtlers Professor Karl Welcker gesungen.

Den von Hoffmann erhofften Durchbruch in der Öffentlichkeit erzielte das »Lied der Deutschen« jedoch nicht. Erst vor der Jahrhundertwende kam es wieder »in Mode«. Am 9. August 1890 ist es zum ersten Male bei einem offiziellen Anlaß gespielt worden: anläßlich der Feier zur Rückgabe der Insel Helgoland an Deutschland, im Beisein Kaiser Wilhelm II. Danach erschien die Weise auch in den Liederbüchern.

Reichsweit verbreitet wurde dann im Ersten Weltkrieg jene – vorgebliche – »Heldentat«, daß deutsche Freiwilligen-Regimenter mit dem »Deutschlandlied« auf den Lippen im November 1914 feindliche Stellungen in der Nähe von Langemarck (Flandern) im Sturm erobert hätten.

Das Lied als »Kampfmittel«

Der erste deutsche Nationalstaat, das deutsche Kaiserreich von 1871–1918, kannte keine amtliche Nationalhymne. Als quasi »Nationalhymnenersatz« fungierte seinerzeit die Monarchenweise »Heil Dir im Siegerkranz!«, unterlegt mit der Melodie der englischen Königshymne »God save the King«. Zwar schrieb die Reichsregierung noch mitten im Krieg 1916 einen Wettbewerb zur Schaffung einer Staatsweise aus, zu dem auch über 3000 Vorschläge eingingen, doch zu einer Entscheidung kam es nicht. Die Zeiten erforderten andere Problemlösungen als die Kreierung einer Hymne.

Und zu Anfang der Weimarer Republik waren die Lieder der deutschen und internationalen Arbeiterbewegung bei weiten Teilen der Bevölkerung beliebter als das Deutschlandlied. Selbst am Abend der Ebertschen Hymnenproklamation am

11. August 1922 stimmte die Menge auf dem Gendarmenmarkt nach dem Festakt der Reichsregierung im Berliner Staatstheater die »Internationale« an. Die Bürger nahmen die neue Hymne jedoch im gleichen Maße an, wie sich die junge demokratische Staatsform festigte.

Viele Deutsche – u. a. Kommunisten, Sozialisten und auch nicht wenige Sozialdemokraten – lehnten die neue Nationalhymne weiterhin ab. Allerdings blieben dem klingenden Staatssymbol derart heftige Kontroversen bis hin zu Straßenschlachten, wie die Weimarer Republik sie bezüglich des unsäglichen Flaggenstreites erlebte, erspart.

Das Gegenteil trat ein: der Einsatz der Hymne als nationales »Kampfmittel«: Mitte Januar 1922 demonstrierten 500 Menschen auf Bochums Königsallee mit dem Absingen des Deutschlandliedes gegen die Ruhrgebietsbesetzung durch französische Truppen. Eine bezeichnende »Waffe«, hatten doch die Franzosen schon 1919 das Singen des Deutschlandliedes im okkupierten Rheinland bei Strafe verboten. Selbst dem, der die Melodie nur summte, drohte Gefängnishaft.

Hymne mit Appendix

Der Regierungsantritt der Nationalsozialisten wirkte sich nicht zuletzt auch auf die Staatssymbole aus. Im Gegensatz zu den Farben Schwarz-Rot-Gold blieb die bisherige Nationalhymne unangetastet. Das Deutschlandlied wurde nunmehr allerdings in seiner leider auch möglichen nationalistischen, ja imperialen Interpretaion definiert und mißdeutet. Dieser Auslegung stand allerdings die dritte Strophe entgegen. So handelten die Nazis denn auch konsequent, indem schon im Sommer 1933 das Propagandaministerium veranlaßte, daß fortan nur noch die erste Strophe zu singen sei.

Das »Lied der Deutschen« bekam auf ganz andere Art einen fatalen »Strophenzuwachs«: durch das Horst-Wessel-Lied (»Die Fahne hoch! Die Reihen fest geschlossen!«). Es war von dem SA-Sturmführer Horst Wessel 1927 zu überlieferten Melodien getextet worden. Nach dessen durch private Händel ausgelöster, jedoch politisch motivierter Ermordung durch Kommunisten am 13. Februar 1930 erhob die NSDAP drei Jahre später das »Kampflied der Partei« zum Nationalhymnen-Anhang.

Gesetzlich ist es jedoch nie als zweite Nationalhymne festgelegt worden. Adolf Hitler selbst hatte am 24. Januar 1935 durch ein Schreiben an den Reichs- und Preußischen Minister des Innern veranlaßt, davon abzusehen, das Horst-Wessel-Lied ausdrücklich als Bestandteil der Nationalhymne festzuschreiben. Es schien nicht opportun, zwei Lieder zur Staatsweise zu erheben. Sicherlich zog man dabei auch ins Kalkül, daß Deutschland bereits ein doppeltes Staatssymbol besaß, nämlich die Nationalflagge (Schwarz-weiß-rote Trikolore und die Hakenkreuzflagge). Ein Zustand, der sich alles andere als positiv herausstellte.

Derart exklusiver Rechtsmitel bedurfte es in der NS-Diktatur auch gar nicht. Da genügte schon der »Wunsch des Führers« und polizeiliche Verfügungen durch Heinrich Himmler, um sicherzustellen, daß beide Lieder zusammen aufgeführt wurden.

Selbst auf die musikalische Darbietung im einzelnen nahm Adolf Hitler Einfluß, wie Runderlasse von 1938 belegen. Er beanstandete, daß das Deutschlandlied von den Kapellen zu rasch gespielt würde. Sollte doch gewährleistet werden, daß das Deutschlandlied als »Weihelied«, das Horst-Wessel-Lied hingegen als »revolutionäres Kampflied« intoniert würde und somit letztere Weise in einem zügigeren Tempo zu spielen sei.

Präsident contra Kanzler

Am 14. Juli 1945 verbot der Alliierte Kontrollrat, die oberste exekutive Gewalt in Deutschland nach dem Zweiten Weltkrieg *»das Singen und Spielen nationalsozialistischer Lieder«*, worunter er das Deutschlandlied mit einordnete.

Spätestens mit der Gründung der Bundesrepublik Deutschland am 23. Mai 1949, der Verkündung des Grundgesetzes, stellte sich natürlich auch die Frage nach einer Nationalhymne für das junge demokratische Staatswesen. Schon am 29. September desselben Jahres brachte eine interfraktionelle Abgeordnetengruppe des Deutschen Bundestages den Antrag ein, das Deutschlandlied als Bundeshymne in seiner ursprünglichen dreistrophigen Form wieder einzuführen. Die Zustimmung war groß.

Doch vor allem Theodor Heuss sträubte sich vehement. Gerade er war es, der nach überkommener Staatsrechtsauffassung allein befugt war, eine Nationalhymne zu proklamieren. Das Staatsoberhaupt bevorzugte eine andere Weise, das Lied »Land des Glaubens, deutsches Land« des Komponisten Hermann Reuter und des Dichters Rudolf Alexander Schröder.

Eine Vorentscheidung traf dann Bundeskanzler Konrad Adenauer, als er anläßlich einer Kundgebung im Berliner »Titania-Palast« am 18. April 1950 überraschend die dritte Strophe des Deutschlandliedes anstimmte. Es folgten Monate vehement geführter Debatten und Kontroversen im Parlament wie in der Öffentlichkeit.

Schließlich teilte der Bundespräsident am 2. Mai 1952 in einem Schreiben an Kanzler Adenauer mit, daß er »in Anerkennung des Tatbestandes«, jedoch ohne einen feierlichen Akt der Proklamation vorzunehmen, bereit sei, der Bitte der Bundesregierung um Wiedereinführung des Deutschlandliedes als Nationalhymne nachzukommen. Er, Heuss, gebe offen zu, den »Traditionalismus und sein Beharrungsvermögen« unterschätzt zu haben.

Als amtliches Datum der Einsetzung des »Liedes der Deutschen« als Nationalhymne der Bundesrepublik Deutschland gilt der 6. Mai 1952, als eine entsprechende Mitteilung des Presse- und Informationsamtes der Bundesregierung erfolgte. Aus der Veröffentlichung geht hervor, daß bei staatlichen Veranstaltungen nur die dritte Strophe des Deutschlandliedes zu singen sei. In einer mündlichen Verlautbarung des Bundespräsidialamtes wurde damals jedoch gleichzeitig versichert, daß alle drei Strophen als der Nationalhymne zugehörig zu betrachten seien.

Eine Strophe wird Nationalhymne

Die Diskussion um die Bewertung der ersten beiden Strophen, allzumal der ersten, lebte im Laufe der folgenden Jahrzehnte allerdings immer wieder auf.

Am 7. März 1990 entschied der »Erste Senat des Bundesverfassungsgerichtes« in einem vielbeachteten Urteil, daß lediglich die dritte Strophe des Deutschlandliedes den Schutz als staatliches Symbol genieße. Ein Hauptargument des Gerichtes war, daß dem Briefwechsel zwischen Heuss und Adenauer keine verbindliche Gesetzesnorm folgte, die dem Bestimmtheitsgebot aus Artikel 103 Abs. 2 Grundgesetz Genüge geleistet hätte (»*Eine Tat kann nur bestraft werden, wenn die Strafbarkeit gesetzlich bestimmt war, bevor die Tat begangen wurde.*«). Die dritte Strophe sei deshalb schützenswert, weil sie allein bei staatlichen Veranstaltungen gesungen werden solle. Und dem entspreche nun mittlerweile eine jahrzehntelange Praxis.

Sieben Monate nach diesem Urteil erfolgte mit dem Beitritt der Deutschen Demokratischen Republik zum Geltungsbereich des Grundgesetzes die deutsche Wiedervereinigung. Damit einher ging auch die Übernahme der bundesdeutschen Hoheitssymbole für das Territorium der ehemaligen DDR. Somit war nun auch das Deutschlandlied wieder zur Nationalhymne eines gesamtdeutschen Staates geworden – nach 45 Jahren.

Hoffentlich einen Schlußpunkt unter die in der Öffentlichkeit weiterhin geführte Diskussion um das Deutschlandlied setzte dann – analog der Vorgehensweise von 1952 – ein Schriftverkehr zwischen Bundespräsident v. Weizsäcker und Bundeskanzler Kohl. Im Schreiben vom 19. August 1991 an den Kanzler proklamierte der Präsident allein die dritte Strophe des Liedes der Deutschen zur »Nationalhymne für das deutsche Volk«. Das Staatsoberhaupt führte in seiner Begründung dazu u. a. aus: Die dritte Strophe »*bringt die Werte verbindlich zum Ausdruck, denen wir uns als Deutsche, als Europäer und als Teil der Völkergemeinschaft verpflichtet fühlen.*«

In seinem Antwortschreiben vom 23. August 1991 stimmte

der Regierungschef dieser Proklamation zu, da »*der Wille der Deutschen zur Einheit in freier Selbstbestimmung die zentrale Aussage der 3. Strophe des Deutschlandliedes*« sei.

Der entsprechende Briefwechsel wurde am 27. August 1991 im Bulletin des Presse- und Informationsamtes der Bundesregierung veröffentlicht.

Somit verfügt das »Lied der Deutschen« natürlich nach wie vor über drei Strophen, doch ausschließlich der Text der letzten gilt als offizielle Nationalhymne der Bundesrepublik Deutschland. Möge das Lied damit, wenn auch diese Proklamation keinen Gesetzescharakter trägt, nun auf Dauer jedem weiteren Streit enthoben sein – 150 Jahre nach seiner Dichtung auf den Klippen von Helgoland.

Hoheitssymbole der Deutschen Demokratischen Republik

Die »Spalterflagge«

Zur Geschichte der DDR-Flagge

Gemäß dem Londoner Protokoll vom 12. September 1944 teilten die Alliierten nach dem Zweiten Weltkrieg Deutschland in vier Besatzungszonen auf und unterstellten Groß-Berlin einer gemeinsamen Verwaltung. Die Gebiete östlich von Oder und Lausitzer Neiße wurden Polen bzw. der UdSSR (Nord-Ostpreußen) zuerkannt. Aus der amerikanischen, britischen und französischen Zone entstand 1949 die Bundesrepublik Deutschland. Im selben Jahr bildete sich aus der Sowjetischen Besatzungszone (SBZ) die Deutsche Demokratische Republik.

Die Frage der Wahl einer Flagge für das Territorium der SBZ kam erstmals anläßlich der Versammlung des »Zweiten Deutschen Volkskongresses« am 17. und 18. März 1948 auf die Tagesordnung. Schon der Gebäudeeingang war mit der traditionellen schwarz-rot-goldenen Trikolore in Form eines großen Bandes geschmückt. Der Kongreß bestand aus 1989 Delegierten, wovon etwa ein Viertel aus den Westzonen stammte. Diese Versammlung wählte den »Ersten Deutschen Volksrat«, den Vorläufer des späteren DDR-Parlaments, der »Volkskammer«.

Auf der zweiten Tagung des Verfassungsausschusses des Rates am 18. Mai 1948 brachte Otto Grotewohl, der erste Ministerpräsident der DDR von der Sozialistischen Einheitspartei Deutschlands (SED), im Anschluß an seine allgemeinen politischen Ausführungen die Frage der Hoheitssymbole des künftigen deutschen (Gesamt-)Staates zur Sprache. Dabei kam Grotewohl zu dem Schluß, daß als Flagge nur Schwarz-Rot-Gold in Frage käme, da einzig diese Farben alle Deutschen, ob in Ost oder West, und ganz gleich welcher Klasse, Religion oder Partei, zu einigen vermöge.

Daraufhin stellte der seinerzeitige Vorsitzende des Landtages von Brandenburg, Friedrich Ebert jr. (Sohn des ersten Reichspräsidenten und späterer Oberbürgermeister von Ost-Berlin) folgenden Antrag:

Staatsflagge der DDR: (vom 1.10.1959 bis 2.10.1990)

»Der Deutsche Volksrat wolle beschließen, den Verfassungsaus-
schuß zu beauftragen, in den Entwurf einer Verfassung eine Bestim-
mung darüber aufzunehmen, daß die Farben der Deutschen Demokra-
tischen Republik Schwarz-Rot-Gold sind.«

Der Staatsname »Deutsche Demokratische Republik« war
hierbei noch als Bezeichnung für ein geeintes Gesamtdeutschland gedacht.

In der Begründung gab Ebert zu Protokoll:

»Ich bin der Meinung, daß es kein besseres, in der deutschen
Geschichte tiefer begründetes Zeichen der deutschen Einheit gibt, als
die alten Reichsfarben Schwarz-Rot-Gold. Um dieses Banner scharten
sich zu allen Zeiten die Kämpfer für Deutschlands Einheit, für eine
glückliche Zukunft des Landes und des Volkes.
Ihr Tuch deckten die Leiber jener, die im Kampf gegen die feudale
despotische Monarchie Preußens für Deutschlands Einheit und Frei-
heit ihr Leben gaben. Diese Stunde gebietet, die große Tradition der
deutschen Geschichte wieder aufzunehmen und das Banner der deut-
schen Einheit über dem ganzen Land zu entrollen. Damit vollstrecken
wir auch das revolutionäre Ergebnis der Kämpfe vom Jahre 1848.«

Nach seiner mit starkem Applaus quittierten Rede stellte der Versammlungsvorsitzende Otto Nuschke (CDU) den Antrag zur Abstimmung. Er wurde einstimmig angenommen. Unmittelbar danach trat eine Abordnung der »Freien Deutschen Jugend« an die Rednertribüne und überreichte dem Präsidium zwei schwarz-rot-goldene Fahnen.

Auf den Tag genau 100 Jahre nach der ersten Zusammenkunft der »Deutschen Nationalversammlung« in der damals reichlich mit schwarz-rot-goldenen Fahnen drapierten Paulskirche zu Frankfurt am Main nahm erstmals nach dem Zweiten Weltkrieg wieder ein – wenn auch nicht frei gewähltes – parlamentarisches Gremium die althergebrachten demokratischen Farben an.

Nach der Konstituierung der Verfassungsorgane in der Bundesrepublik Deutschland war die Sowjetregierung sicher, die Gründung der Bundesrepublik Deutschland nicht mehr rückgängig machen zu können. Andererseits ging sie davon aus, daß die SED und die ihr angeschlossenen Kräfte ihren Kampf für eine Revision der neuen Lage kaum würden erfolgreich

»Standarte Erich Honeckers« in seiner Funktion als Vorsitzender des Staatsrates der DDR.

führen können, wenn sie dies von der Basis ihrer Besatzungszone her bewerkstelligen sollten. So fiel Ende September/An-
fang Oktober 1949 in Moskau die Entscheidung, grünes Licht
für eine politisch durch die Volkskongreßbewegung vorzu-
bereitende Staatsgründung in der SBZ zu geben.

Am 7. Oktober 1949 trat der vom Dritten Deutschen Volks-
kongreß gewählte Zweite Deutsche Volksrat in Ost-Berlin zusammen und erklärte sich nach einer Beratung über die politische Situation *»zur Provisorischen Volkskammer im Sinne der von
ihm am 19. März 1949 beschlossenen, vom Dritten Deutschen Volks-
kongreß am 30. Mai bestätigten Verfassung der Deutschen Demokratischen Republik.«* Die DDR war gegründet.

Die erste Verfassung der DDR, datierend von ihrem Grün-
dungstag, erwähnte jedoch weder eine Nationalflagge noch
ein Staatswappen. Artikel 1 Absatz 1 der Konstitution
bestimmte lediglich: *»Die Farben der DDR sind Schwarz-Rot-
Gold.«* Dieses Kolorit wurde stillschweigend als eine Trikolore
mit waagrecht geführten Streifen angesehen. Damit hatten
beide staatlichen deutschen Teilgebiete dieselbe Flagge. In der
modernen Nationalgeschichte ein einmaliger Fall. Und dieser
Zustand sollte zehn Jahre andauern.

Am 26. September 1955 wurde mit dem »Gesetz über das
Staatswappen und die Staatsflagge der DDR« auch offiziell
eine Nationalflagge – im DDR-Sprachgebrauch »Staatsflagge«
genannt – eingeführt. Im betreffenden § 2 steht u. a.: *»Die
Staatsflagge der DDR besteht aus den Farben Schwarz-Rot-Gold. Die
Farben Schwarz-Rot-Gold sind in der Staatsflagge in drei gleich breiten Streifen angeordnet.«*

Die Gründe für die lange Verzögerung der Verabschiedung
eines solchen Gesetzes sind wohl darin zu suchen, daß bis
1955, wenn auch nur sehr vage, Hoffnungen bestanden, daß
die Möglichkeit der Schaffung eines gesamtdeutschen Staates
nicht ganz auszuschließen waren. Doch mit der Erlangung der
vollen staatlichen Souveränität der Bundesrepublik Deutschland am 5. Mai 1955 schien es der UdSSR angebracht, auch die
DDR in die – zumindest formale – uneingeschränkte Selbständigkeit zu entlassen. Das geschah mit dem Staatsvertrag vom
20. September 1955.

Vier Jahre später, im Herbst 1959, vollzog die DDR in konsequenter Anwendung ihrer Abgrenzungspolitik gegenüber der Bundesrepublik Deutschland auch die vexillologische Trennung: Sie führte zum 10. Jahrestag ihrer Gründung in die Staatsflagge das neue Staatsemblem mit Ährenkranz, Hammer und Zirkel ein. Das diesbezügliche Gesetz datiert vom 1. Oktober 1959. Dort heißt es u. a.: *»Die Staatsflagge der DDR besteht aus den Farben Schwarz-Rot-Gold und trägt auf beiden Seiten in der Mitte das Staatswappen der DDR.«*

Die Begründung zur Modifikation des Flaggenmusters gab am gleichen Tag Innenminister Karl Maron vor der Volkskammer:

»Diese Ergänzung der Staatsflagge macht sich erforderlich, damit sich die DDR als der einzige rechtmäßige deutsche Staat auch in der Flaggenführung sichtbar von dem westzonalen Separatstaat unterscheidet.

Es genügt nicht, daß sich die beiden deutschen Staaten äußerlich nur durch ihre Hymne unterscheiden. Indem unsere Staatsflagge künftig Hammer, Zirkel und Ährenkranz, d. h. die Symbole unseres friedlichen Aufbaus trägt, wird sowohl für das deutsche Volk als auch für die ganze Welt sinnvoll veranschaulicht, daß unter dieser Flagge das neue Deutschland auftritt, dem die Zukunft gehört und von dem der Friede ausgeht.«

In der Bundesrepublik Deutschland gab es jahrelange Auseinandersetzungen um das anfangs »Spalterflagge« genannte Tuch. Im Ausland wurden die diplomatischen und konsularischen Vertretungen angewiesen, beim Setzen der DDR-Flagge energische Proteste bei den zuständigen Stellen einzulegen. Erst 1969 und 1970 beschloß das Bundeskabinett der Großen und danach der Sozialliberalen Koalition, das Zeigen von DDR-Symbolen nicht mehr als »unfreundlichen Akt« zu betrachten. Es stand u. a. der Besuch Bundeskanzlers Brandt bei DDR-Ministerpräsident Stoph in Erfurt bevor.

Bis zum Hissen der DDR-Flagge und dem Abspielen der DDR-Hymne vor dem Bundeskanzleramt anläßlich des Besuches des Staatsoberhauptes der DDR, Erich Honecker, im Jahre

Ein Staat wird »weggetragen«:
Hier wird das DDR-Staatswappen vom Gebäude des Ministerrates ins
»Museum für deutsche Geschichte« verbracht.

1987 war es jedoch noch ein weiter Weg. Nicht zuletzt die
staatssymbolischen, protokollarischen Gegebenheiten und
Handlungsabläufe bei jener Visite waren ein bildhafter Spiegel
der deutsch-deutschen Geschichte.

Kurz noch ein Wort zu den Flaggen und Wappen der **Länder**
auf dem Gebiet der Sowjetischen Besatzungszone Deutsch-

lands bzw. der Deutschen Demokratischen Republik. Die Ende
der 40er Jahre übernommenen, resp. neu geschaffenen Hoheitszeichen von Brandenburg, Mecklenburg, Sachsen-Anhalt,
Sachsen und Thüringen wurden 1952 gestrichen.

Im Rahmen einer Verwaltungsneugliederung wurde die DDR
von einem föderalistischen Staat gewandelt zu einem Gemein-
wesen, das nach dem marxistisch-leninistischen Strukturprin-
zip des »Demokratischen Sozialismus« aufgebaut sein sollte.
Aufgrund des »Gesetzes über die weitere Demokratisierung des
Aufbaues und der Arbeitsweise der staatlichen Organe in den
Ländern der Deutschen Demokratischen Republik« vom 23. Juli
1952 wurden die Länder angewiesen, eine Neugliederung ihrer
Gebiete vorzunehmen. Gleichzeitig wurde die Überleitung der
bisher von den Länderregionen wahrgenommenen Aufgaben
auf die Organe der 15 neugebildeten Bezirke beschlossen. Einzig die Länderkammern blieben, als föderale staatsrechtliche
Torsi und Unikums, bis 1958 bestehen. Die Bezirke erhielten
keine eigenen Hoheitszeichen. Sie verwendeten das Staatssiegel
der DDR. Die Abschaffung der Länderflaggen und -wappen war
nicht zuletzt auch eine Maßnahme, um regionales Selbständig-
keits- und Identifikationsbewußtsein zu unterbinden. Dennoch

Brandenburg (ursprünglich Mark Brandenburg)

gehörten dreieinhalb Jahrzehnte später, während der »Wende-zeit«, Banner mit regionalen Symbolen zu den ersten Zeichen, die von der neuen föderal-demokratischen Zeit kündeten.

Mecklenburg   Sachsen

Sachsen-Anhalt   Thüringen

Die Länderwappen in der Sowjetischen Besatzungszone bzw. in der Deutschen Demokratischen Republik 1945–1952.

Das »Drei-Klassen-Zeichen«

Zur Geschichte des DDR-Staatswappens

Das Staatswappen der DDR – nach den heraldischen Regeln kein solches – hat sich in mehreren Entwicklungsstufen herausgebildet. Am 7. Oktober 1949 wurde in Berlin für die Sowjetische Besatzungszone Deutschlands durch den Deutschen Volksrat die »Deutsche Demokratische Republik« ausgerufen. Bereits am 12. Januar 1950 erging eine Verordnung über die Ausgabe von Diplomaten- und Dienstpässen, in welcher das neue Staatsemblem – ein Hammer innerhalb eines Ährenkranzes – zwar nicht beschrieben, aber abgebildet war und zwar innerhalb der Muster der Pässe. Auch in dem Saal, in welchem die neuerrichtete Volkskammer am 31. Januar 1950 zum ersten Male zusammentrat, erschien dieses rot drapierte Emblem an der Stirnseite des Saales: ein weißer Hammer im gelben Ährenkranz.

Anschließend trat das Emblem in den Dienstsiegeln der Zentralbehörden und der von diesen direkt abhängigen Dienststellen auf, noch immer ohne besondere Bekanntmachung. Auch hinsichtlich der Farben existierte noch keine Vorschrift. Das Titelblatt der Zeitschrift des Ministeriums für Auswärtige Angelegenheiten namens »Informationsdienst« bildete den Hammer in Schwarz, die Ähren in Gelb, beides liegend auf einer roten Kreisscheibe, ab.

Eine erste Beschreibung dieses Symbols erschien als »Bekanntmachung über die Ausgabe von Ausweisen für die Abgeordneten der Provisorischen Volkskammer und der Provisorischen Länderkammer vom 13. Juni 1950« im Ministerialblatt der DDR vom 6. Juli 1950: »Ein Ährenkranz mit aufrechtem Hammer«.

Die Zeichnung dieses Emblems geht auf einen Entwurf von Otto Grotewohl zurück, von 1949–1964 der erste Ministerpräsident der DDR. Grotewohl war gelernter Buchdrucker und verdiente von 1933–1945 seinen Lebensunterhalt u. a. mit dem

Anfertigen von Aquarellen und Zeichnungen. Auf dieses Emblem gründet sich wiederum das Symbol des Ersten Fünfjahresplanes der DDR-Volkswirtschaft von 1951. Es zeigt einen aufrecht stehenden Hammer, dem die Ziffer 5 aufgelegt ist, das Ganze unterlegt von vier Ähren.

Im Jahre 1952 erhielten Prof. Herbert Gute von der Kunsthochschule in Berlin-Weißensee und der Graphiker Martin Hänisch von Ministerpräsident Otto Grotewohl den Auftrag, ein Staatsemblem für die DDR zu entwerfen. Beide Künstler waren bereits an der Entwicklung des Fünfjahresplan-Zeichens beteiligt und hatten 1949 das sogenannte Waren-»Gütezeichen Q« entworfen.

Gute und Hänisch machten sich ans Werk. Das neue Landessymbol, bewußt den meisten Staatszeichen der anderen sozialistischen »Brudernationen« nachempfunden, basierte auf der kommunistischen Klassenideologie: Der Hammer steht für die Arbeiterschaft, die Ähren repräsentieren den (in der DDR damals noch zu verwirklichenden) kollektivierten Bauernstand, hingegen der Zirkel das Sinnbild für die »werktätige Intelligenz« darstellt.

Veröffentlicht wurde das neue Symbol erstmals durch die »Siegelordnung der Deutschen Demokratischen Republik« vom 28. Mai 1953. Die Abbildung zeigt den Hammer mit der »Bahn« heraldisch nach rechts gewendet, den Zirkel mit dem beweglichen Schenkel (heraldisch) rechts. Die Farben des die Ähren umschlingenden Bandes sind zwar in der Tonwertung markiert, aber nicht heraldisch schraffiert. Die Farben der Embleme waren immer noch nicht festgelegt.

Das Titelblatt des »DDR-Informationsdienstes« brachte dann seit dem 1. April 1954 das Emblem in farblicher Wiedergabe: Hammer und Zirkel schwarz mit weißer Zeichnung, die Ähren gelb, das Band in den schwarz-rot-goldenen Landesfarben. Der Grund ist rot und füllt den Raum zwischen den Ähren aus, reicht oben bis an die gedachte Kreislinie zwischen den obersten Grannen. Auf den Dienstbriefmarken ist der Grund (getönt) als bis zu den unteren Grannen der Ähren reichend angedeutet. Die dort hell wiedergegebenen Werkzeuge werden auch sonst meist goldfarben dargestellt.

In der Zeichnung abweichend ist das Emblem auf den seit Januar 1954 ausgegebenen »Deutschen Personalausweisen« abgebildet, da hier der Zirkel spiegelverkehrt angeordnet ist. Diese Form ist dann durch das nach der DDR-Souveränitätserklärung erlassene Wappen- und Flaggengesetz vom 26. September 1955 zur amtlichen erklärt worden: »*Das Staatswappen der Deutschen Demokratischen Republik besteht aus Hammer und Zirkel, umgeben von einem Ährenkranz, der im unteren Teil von einem schwarz-rot-goldenen Band umschlungen ist.*« Die Farben des Emblems waren durch das beigefügte Anlageblatt mit den Musterzeichnungen erkennbar.

Ist die Symbolik von Hammer, Ährenkranz und Flaggenband (Landesfarben) im Kommentar zur Verfassung der DDR (Staatsverlag der DDR, 1969) wie bekannt erläutert, wird über die rote Farbe der Kreisscheibe nichts ausgeführt. Es kann aber davon ausgegangen werden, daß sie die internationale Solidarität der Arbeiterklasse zum Ausdruck bringen soll.

35 Jahre lang blieb dann dieses Emblem das Staatshoheitszeichen der Deutschen Demokratischen Republik. Erst im Rahmen der »Friedlichen Revolution«, der sogenannten »Wendezeit« ab Herbst 1989, wurden in den politischen Kreisen der Opposition des »Runden Tisches« Überlegungen angestellt, das »belastete« Staatswappen der DDR durch ein neues zu ersetzen. Am 18. März 1990 erfolgte die erste freie Wahl zu einer DDR-Volkskammer. Dort nun wurde auf der 9. Tagung am 31. Mai 1990 durch die Fraktion der Deutschen Sozialen Union folgender Antrag gestellt: »*Alle Staatswappen, die sich in und an öffentlichen Gebäuden befinden, sind unverzüglich, spätestens jedoch in Wochenfrist, zu entfernen. Wo dies aus technischen oder finanziellen Gründen nicht möglich ist, ist das Wappen zu verdecken.*«

Durch mehrheitliche Akklamation stimmte die Volkskammer diesem Antrag zu. Noch am gleichen Tag erging der wortgleiche Beschluß der Volkskammer, im Gesetzblatt der DDR am 12. Juni 1990 verkündet.

Bereits am nächsten Tag war das bisherige Staatswappen von der Stirnwand des Plenarsaales der Volkskammer entfernt. Es ragten lediglich einige – noch schnell weiß getünchte – Metallbolzen aus dem Mauerwerk.

So stellte sich der »Runde Tisch«
das künftige Staatswappen vor...

Doch so halbherzig wie auf vielen anderen Gebieten, ent-
behrte auch dieser Beschluß nicht einer gewissen Portion
Fadenscheinigkeit. Bezog sich das Dekret doch lediglich auf
das Beseitigen oder Verdecken der Hoheitszeichen auf und an
öffentlichen Gebäuden. Auf Flaggen, Uniformen, Siegeln und
Briefköpfen prangten weiterhin Hammer und Zirkel im Ährenkranz.

Der Grund war ein schlicht finanzieller: Die Ausmerzung des Emblems auf allen in Frage kommenden Gegenständen hätte Unsummen verschlungen. Schon deshalb, weil man ja an Stelle des alten Symbols ein neues hätte setzen müssen; die »Leere« oder ein »Loch« als neues Staatszeichen wollte man schließlich doch nicht. Im übrigen hätte dieses neue Sinnbild auch nur eine Lebensdauer von einem Vierteljahr gehabt, stand doch am 3. Oktober 1990 der Beitritt der DDR zur Bundesrepublik Deutschland an.

Damit die DDR in der Zwischenzeit nun nicht »zum Land der weißen Bettücher« werde, wie es der Abgeordnete Konrad Weiß von der Fraktion Bündnis 90 befürchtete, schlug er doch noch ein neues Sinnzeichen vor: die Darstellung »Schwerter zu Pflugscharen«.

Der Delegierte bezog sich dabei auf die Skulptur des russischen Bildhauers Jewgenij Wuchetitsch (1908–1974), die die Regierung der Sowjetunion den Vereinten Nationen zum Geschenk machte und das vor deren Hauptquartier in New York aufgestellt wurde.

Das Kunstwerk zeigt einen Schmied, der auf einer Esse ein Schwert in eine Pflugschar umformt. Dieses Bild wurde zu einem Symbol der internationalen Friedensbewegung. Und es fand noch Eingang in den Artikel 43 des »Verfassungsentwurfs der Deutschen Demokratischen Republik« der Arbeitsgruppe »Neue Verfassung der DDR« des Zentralen Runden Tisches vom 1. April 1990. Die rasante deutschlandpolitische Entwicklung ging jedoch über eine Verwirklichung des Vorhabens hinweg.

Der »Ruinenwalzer«

Zur Geschichte der DDR-Hymne

Drei Tage nach Gründung der DDR (7. Oktober 1949) beauftragte Wilhelm Pieck, einen Tag vor seiner Amtseinführung als Präsident des zweiten deutschen Staates (11. Oktober 1949), den Dichter Johannes R. Becher, eine Nationalhymne zu schreiben.

Er hatte sie schon. Sie begann mit den Worten »Auferstanden aus Ruinen und der Zukunft zugewandt.« Geschrieben hatte Becher sie bereits 1942 als Gedicht im Exil in Moskau. Er hatte die Zeilen dort in der *»Hoffnung auf ein neues Deutschland«* verfaßt, das nach dem Fall des Hitler-Regimes errichtet werden sollte.

Der Schriftsteller und Kulturpolitiker Johannes Robert Becher wurde am 22. Mai 1891 in München geboren, er starb am 11. Oktober 1958 in Berlin. Nachdem Becher in München, Jena und Berlin studiert hatte, arbeitete er vorwiegend als Lyriker. Politisch war er als linksradikal einzuordnen, schloß sich erst dem »Spartakusbund«, dann der KPD an. 1935 emigrierte er nach Moskau, worauf er von den nationalsozialistischen Machthabern ausgebürgert wurde. 1945 kehrte er nach Deutschland, genauer gesagt in die Sowjetische Besatzungszone, zurück. Er schrieb nun weitere Erzählungen, Dramen und Romane, und wurde – inzwischen reichlich mit Auszeichnungen versehen – 1954 Kulturminister der DDR.

Becher sandte nun seine Hymnen-Textfassung an den Komponisten Ottmar Gerster und bat um eine Vertonung. Doch da trat ein Konkurrent auf, der Musikautor Hanns Eisler, wie Becher ein Emigrant, der nach dem Krieg aus den USA zurückkam. Der am 6. Juli 1898 in Leipzig geborene Eisler war nach 1945 an der Berliner Akademie der Künste sowie der Hochschule für Musik tätig. Der Komponist starb am 6. September 1962 in Berlin.

Becher und Eisler trafen sich im Herbst 1949 anläßlich eines Kongresses in Warschau, und zwar im Geburtshaus des berühmten polnisch-französischen Komponisten Frédéric Chopin (1810–1849). Auf dessen Flügel improvisierte Eisler auf den ihm vorgelegten Text eine Melodie, die Becher sofort ins Ohr ging. Doch der Schriftsteller wollte Gerster den Auftrag nicht entziehen. So begann der Musiker-Wettstreit zwischen Gerster und Eisler. Beim Vorsingen vor diversen SED-Größen siegte die Eisler-Fassung.

1. *»Auferstanden aus Ruinen*
   Und der Zukunft zugewandt,
   Laß uns dir zum Guten dienen,
   Deutschland, einig Vaterland.
   Alle Not gilt es zu zwingen,
   Und wir zwingen sie vereint,
   Denn es muß uns doch gelingen,
   Daß die Sonne schön wie nie
   Über Deutschland scheint.

2. *Glück und Friede sei beschieden*
   Deutschland, unserm Vaterland.
   Alle Welt sehnt sich nach Frieden,
   Reicht den Völkern eure Hand.
   Wenn wir brüderlich uns einen,
   Schlagen wir des Volkes Feind.
   Laß das Licht des Friedens scheinen,
   Daß nie eine Mutter mehr
   Ihren Sohn beweint.

3. *Laßt uns pflügen, laßt uns bauen,*
   Lernt und schafft wie nie zuvor,
   Und der eignen Kraft vertrauend
   Steigt ein frei' Geschlecht empor.
   Deutsche Jugend, bestes Streben
   Unsres Volkes in dir vereint,
   Wirst du Deutschland neues Leben,
   Und die Sonne schön wie nie
   Über Deutschland scheint.«

Auferstanden aus Ruinen:
Melodie und erste Strophe der Nationalhymne der Deutschen Demo-
kratischen Republik. Musik: Hanns Eisler (1889–1962), Text: Johannes
R. Becher (1871–1958)

Der Wortlaut bestand jetzt aus drei Strophen, d. h. der ersten,
von Becher 1942 geschriebenen, doch nun leicht modifizierten
Strophe sowie zwei von ihm noch nachgedichteten Strophen.

Zur ersten öffentlichen Aufführung kam das neue Staatslied
anläßlich einer Festveranstaltung zum 32. Jahrestag der Großen Sozialistischen Oktoberrevolution durch den Chor des
Berliner Rundfunks am 7. November 1949, nachdem zwei Tage
vorher der Ministerrat der DDR die Weise zur Nationalhymne
des Landes erklärt hatte.

Im Laufe ihrer 40jährigen Geschichte sollten zwei Fährnisse
die auf dem Flügel Chopins geborene Hymne ereilen. Die eine,
die musikalische, trat alsbald ein, die zweite, den Text betreffend, ein gutes Dutzend Jahre später.

Schon wenige Monate nach der Inthronisation der Staatsme-
lodie – in der DDR-Bevölkerung auch »Ruinenwalzer« genannt
– meldete sich der Schlagerkomponist Peter Kreuder zu Wort
und behauptete, das Eislersche Opus sei glatter geistiger Dieb-
stahl – abgekupfert seiner Evergreen-Weise »Good by, Jonny«
aus dem Hans-Albers-Film »Wasser für Canitoga«.

Und in der Tat, die Übereinstimmung des »Ruinenwalzers«
mit der Jonny-Melodie ist frappierend. Obwohl Kreuder sogar
die Urheberrechtskommission der UNO bemühte, erstritt er
nie einen Rechtstitel. Bis zu seinem Tode 1981 beharrte der
»König der Evergreens« jedoch darauf, die DDR-Weise sei sein
kompositorisch nur leicht kaschierter »Good-bye-Jonny«-Song.

Ein Trost blieb ihm: Als Peter Kreuder 1976 eine Tournee
durch die DDR unternahm, passierte es einmal, daß sich das
Publikum bei den Anfangsklängen besagten Schlagers irritiert,
doch feierlich von den Plätzen erhob!

Das zweite Ungemach, das der Hymne widerfuhr, war nicht
künstlerischer, sondern politischer Natur, folglich schwerwie-
gender.

Seit den frühen 70er Jahren wurde die DDR-Hymne nicht
mehr gesungen, nur noch instrumental dargeboten. Der Grund
waren diese drei Worte aus der ersten Strophe: »Deutschland,
einig Vaterland«. Ein gesetzliches Verbot, die Hymnenverse zu
singen, gab es allerdings nie. Die Untersagung ist augenscheinlich über den üblichen SED-internen Informationsweg verbreitet worden, der auch »Informationsblätter« und »Orientierun-
gen« kannte, die an bestimmte Parteifunktionäre weitergeleitet
wurden, aber ausdrücklich nur für die mündliche Agitation
gedacht waren. Ein neuer Hymnentext ist im übrigen auch nie
geschaffen worden, eine Referenz an den »kommunistischen
Kulturheiligen«, J. R. Becher.

Im Herbst 1989 dann diese uns allen noch in Erinnerung
haften gebliebenen Szenen: Zehntausende von Demonstranten
ziehen jede Woche durch die Straßen Leipzigs und skandieren
(teilweise mit der schwarz-rot-goldenen Trikolore »pur«, also
ohne dem Staatsemblem): »*Wir sind das Volk, wir sind das Volk!*«
– und dann: »*Deutschland, einig Vaterland!*«

Die Menschen hatten ihre Stimme wiedergefunden. Und die
alte Hymne durfte seit dem 8. Januar 1990 auch offiziell wieder
mit dem Originaltext gesungen werden. Die Kernaussage der
ersten Strophe »Deutschland, einig Vaterland« – wurde zur
sehnsuchtsvollen Parole der meisten Deutschen zwischen Kap
Arkona und Fichtelberg, von der Altmark bis zum Oderbruch.
Doch das Jahr 1990 hat diese deutsche Hymne nicht überlebt.

Wappen, Flaggen, Siegel und Signets der deutschen Bundesländer

Baden-Württemberg

Fläche: 35751 km^2
Einwohner: 10,15 Mill.
Hauptstadt: Stuttgart
Geographie: Die Landschaft wird bestimmt durch das Oberrheinische Tiefland, den Schwarzwald, die Schwäbisch-Fränkische Schichtstufenregion an Neckar und Tauber und das Oberschwäbische Alpenvorland, das seinen südlichen Abschluß im Bodenseebecken findet.
Gründung: Das Bundesland entstand 1952 aus der Zusammenlegung der drei Länder Baden, Württemberg-Baden und Württemberg-Hohenzollern, die Schöpfungen aus der alliierten Besatzungszeit nach Ende des Zweiten Weltkrieges waren.

Hoheitszeichen

Das **Wappen** des Landes Baden-Württemberg zeigt im goldenen Schild drei schreitende rotbezungte schwarze Löwen.
Nach dem entsprechenden Gesetz vom 3. Mai 1954 wird es als
»Großes« und »Kleines Landeswappen« geführt. Beim Großen
Landeswappen ruht eine Wappenkrone auf dem Schild, der
zudem von einem goldenen Hirsch und einem goldenen Greif
gehalten wird, welche mit roten Hufen bzw. roten Krallen
»bewehrt« sind. Das »Kleine Landeswappen« zeigt lediglich
den Schild mit den drei Löwen, auf dem eine Blattkrone, eine
sogenannte Volkskrone, liegt.

Das Drei-Löwen-Bild, das Kernstück des Wappens, betont
die Einheit des Landes. Die Krone ist der heraldische Ausdruck der Staatshoheit. Ihre Gestalt beim »Kleinen Landeswappen« schließt sich den Kronenformen an, die seit 1918,
also seit dem Ende der deutschen Monarchie, von diversen
Ländern eingeführt wurden.

In der Wappenkrone des »Großen Landeswappens« soll,
wie auch in den Schildhaltern, die traditionsreiche Landesge-
schichte zum Ausdruck kommen. Auf einem goldenen Kron-
reif erscheinen in der Mitte herausgehoben die Stammwappen
der beiden namengebenden Länder, Baden und Württemberg.
Sie sind umgeben von vier kleiner dargestellten Wappen von
Landschaften im Südwesten des alten Deutschen Reiches, die
zugleich für alle baden-württembergischen Landesteile in
Nord und Süd stehen: Heraldisch vorn die drei silbernen Spitzen in Rot (»Fränkischer Rechen« genannt) für das Herzogtum
Ostfranken und der weiß-schwarz gevierte Schild von Hohenzollern; hinten der rotgekrönte goldene Löwe der Kurpfalz in
Schwarz und der rot-weiß-rote sogenannte Bindenschild zur
Erinnerung an die ehemals vorderösterreichischen Lande im
Breisgau und im württembergischen Oberschwaben. Die Träger des Wappens, die »Schildhalter«, sind dem ehemaligen
württembergischen (Hirsch) bzw. badischen Staatswappen
(Greif) entlehnt. Die gemäß den heraldischen Höflichkeitsre-
geln einander zugekehrten Wappentiere gelten als die symbo-

Landesflagge

Landesdienstflagge mit großem Landeswappen

Landesdienstflagge mit kleinem Landeswappen

Kleines Landeswappen

Großes Dienstsiegel

Kleines Dienstsiegel

Baden-Württemberg-Signet

lischen Hüter und Wächter des Landes Baden-Württemberg und seiner Verfassung vom 11. November 1953. Das Wappenensemble ruht auf einem Podestbalken in den Landesfarben Schwarz-Gold.

Aus Anlaß des 30jährigen Landesjubiläums hat die baden-württembergische Landesregierung ein sogenanntes **Baden-Württemberg-Signet** gestalten lassen. Da das »Große« und das »Kleine Landeswappen« dem staatlich-hoheitlichen Bereich vorbehalten sind, soll mit dem »Baden-Württemberg-Signet« einem vielfach geäußerten Bedürfnis nach einem einprägsamen landestypischen graphischen Symbol zur Verwendung im nichtstaatlichen Sektor Rechnung getragen werden. Das Baden-Württemberg-Signet stellt in farbiger Form die drei schwarzen Löwen aus dem Landeswappen auf einem gelben Achteck dar. Die Verwendung des Signets bedarf im Gegensatz zum »Großen« und »Kleinen Landeswappen« keiner Genehmigung.

Wie bereits erwähnt, bildet der Schild mit den drei Löwen das Herzstück des baden-württembergischen Wappens. Sie sind das Stammwappen des Herrschergeschlechts der Staufer. Diese schwäbische Fürstendynastie stellte von 1138 bis 1254 die deutschen Könige und Kaiser. Das Stauferwappen ist seit über 800 Jahren das Symbol des Herzogtums Schwaben, zu dem das ganze spätere badische, württembergische und hohenzollerische Gebiet südlich der Kraichgau-Hesselberg-Linie gehörte. Es symbolisiert aber ebenso die ehemals staufische Pfalz wie das ostfränkische Hausmachtgebiet der Staufer.

Die erste bekannte Darstellung der Stauferlöwen kennen wir von einem Siegel Herzog Friedrichs V. von Schwaben, einem Sohn Friedrich Barbarossas. Dieses seit 1181 nachgewiesene Reitersiegel läßt auf der sichtbaren einen Hälfte des gebogenen Schildes einen aufgerichteten Löwen erkennen. Auch Herzog Friedrichs Bruder und Nachfolger, Herzog Konrad, führte einen einzelnen Löwen im Schild.

Auf einem vermutlich echten, aber in einer gefälschten Urkunde überlieferten Reitersiegel des folgenden Herzogs und späteren Königs Philipp (1196–1198) sind dann erstmals drei

Historische Südwestdeutsche Landeswappen seit 1815

Großherzogtum Baden
1815–1918
Freistaat Baden
1919–1933
Land (Süd-)Baden
1945–1953

Königreich Württemberg
1817–1918

Fürstentümer Hohenzollern-
Hechingen und Hohenzollern-
Sigmaringen 1815–1850
Hohenzollerische Lande (preu-
ßischer Regierungsbezirk
Sigmaringen) 1850–1945

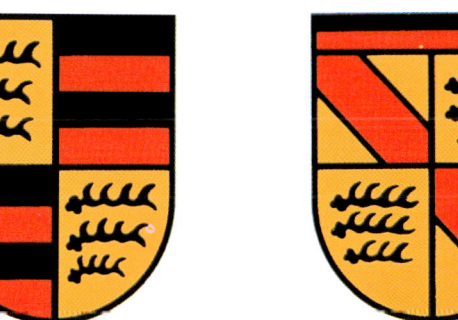

Volksstaat Württemberg
1919–1933
Land Württemberg-Hohenzollern
1945–1952

Land Württemberg-Baden
1945–1952

Löwen übereinander zu sehen. Im Reitersiegel Herzog Heinrichs (1216–1220) erscheinen die Löwen nicht nur im Schild, sondern auch auf einer Speerfahne. Der Bilderwechsel von einem zu drei Löwen erfolgte wohl, um die Wirkung des Wappens und damit das Ansehen des Trägers zu erhöhen; die Zahl drei hat somit sicherlich nur symbolischen Charakter.

Die Farbgebung (»Tingierung«) Schwarz und Gold ist bereits in dem um 1250 entstandenen lateinischen Gedicht »Clipearius Teutonicorum« des Zürcher Klerikers Konrad von Mure überliefert. Dort lesen wir: »*Suevorum ducis et gilvus color hunc ita ponis/Ut super hunc nigri pingatur forma leonis.*« Zu deutsch heißt das: »*Des Herzogs der Schwaben Farbe ist gelb; trage sie so auf, daß sich auf ihr die schwarze Löwengestalt abhebt.*«

Mit dem Untergang der Staufer erlosch auch das Herzogtum Schwaben, doch blieb das Drei-Löwen-Bild als heraldisches Symbol Schwabens erhalten. Bei der Erhebung Württembergs zum Königreich nahm König Friedrich I. 1806 wieder den Titel »Souveräner Herzog von Schwaben« an und die drei Löwen in den Herzschild seines Großen Wappens auf. Das Emblem blieb bis zum Ende der Monarchie 1918 eines der beiden Bestandteile des gespaltenen württembergischen Staatswappens. Das andere Zeichen stellte das württembergische Stammwappen dar: In Gold drei schwarze Hirschstangen.

Heute nimmt dieses heraldische Symbol den einen größeren Schild in der Wappenkrone des Großen Landeswappens von Baden-Württemberg ein. Württemberg entstand als politisches Gebilde aus den Besitzungen der 1081 erstmals genannten Herren (seit 1135 Grafen) von Wirdebach, deren Stammsitz die Burg Wirtinisberc (Wirtemberg) auf dem Rotenberg zwischen Esslingen und Cannstadt im alten Stammesherzogtum Schwaben war.

Es gibt Hinweise, daß die Grafen von Württemberg ursprünglich drei Türme, jeder auf einem Dreiberg stehend, als heraldisches Signum führten. Der hiernach vermutete Bildwechsel von den drei Türmen zu den drei Hirschstangen könnte mit der Heirat des Grafen Hartmann von Württemberg (gest. um 1240) mit einer Gräfin von Veringen, deren Vaterwappen drei Hirschstangen zeigt, in Verbindung stehen. Es ist nicht auszuschließen, daß die Übernahme des Hirschstangensymbols Erbansprüche der Württemberger bekräftigen sollte, denen diese Heirat Einfluß und Besitz in Oberschwaben eingebracht hatte.

In der württembergischen Tradition haben die beiden oberen Hirschstangen meist fünf Enden (Stange und vier Sprossen), während die untere – infolge Verjüngung des Schildes – in der Regel nur vier Enden aufweist. Abweichungen hiervon kamen freilich zu allen Zeiten vor. Siehe die Darstellung im Großen Landeswappen von Baden-Württemberg.

Der zweite herausgehobene Schild in der Wappenkrone trägt das Bild des badischen Stammwappens: In Gold ein roter Schrägrechtsbalken. Geographisch versteht man unter Baden die Region vom Odenwald entlang des Rheingrabens bis zum Hochrhein. Historisch tritt der Name »Baden« mit dem Markgrafen von Baden (1112) hervor. Deren Territorium wird 700 Jahre später (1806) zum Großherzogtum erhoben.

Die Markgrafen von Baden entstammen der Dynastie der Zähringer. Die Zähringer betrieben im frühen Mittelalter eine ausgreifende Territorialpolitik. Die Familie führt sich auf die alemannische Sippe der Bertholde zurück und erhielt ihren Namen nach der um 1078 erbauten Burg Zähringen bei Gundelfingen nahe Freiburg im Breisgau.

Ursprünglich führten die Zähringer in ihrem Stammwappen einen Adler, möglicherweise in Rot auf Gold, der nach dem Erlöschen des Mannesstammes von den Grafen von Fürstenberg übernommen wurde, gemehrt um den Wolkenfehbord von Urach. Für die nach der Burg Baden benannten Markgrafen ist dagegen siegelmäßig unter Hermann IV. um 1240 der Schrägbalkenschild erstmals belegt. Die Farben Gold und Rot sind seit der ersten Hälfte des 14. Jahrhunderts belegt. Die Gründe für die Wahl des Balkenschildes sind nicht bekannt.

Die **Landesfarben** von Baden-Württemberg sind Schwarz-Gold resp. Schwarz-Gelb. Sie beziehen sich auf das Kolorit des Landeswappens, wobei gemäß den heraldischen Regeln die Farbe der Schildfiguren (hier also der schwarzen Löwen) bei der »Übertragung« auf eine Fahne bzw. Flagge der Vorrang vor der Farbe des Wappenfeldes (hier Gold) gebührt.

Bayern

Fläche: 70 554 km^2
Einwohner: 11,78 Mill.
Hauptstadt: München
Geographie: Bayern hat Anteil an folgenden Großlandschaften: den Nördlichen Kalkalpen, dem Alpenvorland, dem Ostbayerischen Mittelgebirge und dem Schwäbisch-Fränkischen Schichtstufenland.
Gründung: Am 2. Dezember 1946 trat nach einer von den alliierten Besatzungsmächten angeordneten Volksabstimmung die neue Verfassung des Freistaates Bayern in Kraft. Territorial blieb das spätere Bundesland gegenüber dem Vorkriegsstand unversehrt, sieht man von der Ausnahme der bayerischen Rheinpfalz ab, die Teil des Landes Rheinland-Pfalz wurde.

Hoheitszeichen

Das **Wappen** des Freistaates Bayern wurde in der jetzigen Form durch Gesetz vom 5. Juni 1950 eingeführt. Es geht zurück auf das erste Wappen des Königreiches Bayern von 1806. Auch Bayern nennt ein »Kleines« und ein »Großes Staatswappen« sein eigen. Das Kleine Staatswappen besteht aus einem in Silber (Weiß) schrägrechts gerauteten Schild, auf dem eine mit blauen und roten Edelsteinen besetzte goldene (gelbe) Volkskrone ruht.

Das »Große Staatswappen« besteht aus einem gevierten Schild mit einem Herzschild. Das erste Feld zeigt in Schwarz einen aufgerichteten goldenen, rotbewehrten Löwen; das zweite Feld zeigt drei silberne Spitzen in Rot; das dritte Feld stellt einen aufgerichteten blauen, goldbewehrten und rotbezungten Panther auf silbernem Grund dar; das vierte Quartier zeigt drei widersehende schwarze, rotbewehrte Löwen in Gold. Das Herzschild zeigt das Bild des »Kleinen Staatswappens«. Gehalten wird das »Große Staatswappen« von zwei goldenen rotbewehrten Löwen, beides ruhend auf einem goldenen Podestbalken. Auch auf diesem Schild befindet sich eine Volkskrone.

Durch alle Irrungen und Wirrungen der Zeitläufte sind es zwei Wappenbilder, die die bayerischen Hoheitszeichen prägten: die Rauten und die Löwen. Der Rautenschild steht dabei schlechthin für die Gesamtheit des bayerischen Staates. Bis zum Beginn des 19. Jahrhunderts war für dieses Heroldsbild auch die Bezeichnung »Wecken« üblich, die vermutlich von der Ähnlichkeit mit dem rhombenförmigen Gebäck herrührt. Entgegen früheren Meinungen steht heute fest, daß das später staatstragende bayerische Geschlecht der Wittelsbacher 1242 mit dem Erbe der beiderseits der Donau zwischen Regensburg und Deggendorf reich begüterten Grafen von Bogen auch deren seit 1204 nachweisbaren Schild und Bannerzeichen übernahm.

Schon 1247 erschienen Rauten im Siegel Herzog Ludwigs II., in den landesfürstlichen Münzprägungen dagegen erst nach

1294. Die Farben Silber (Weiß) und Blau überlieferte erstmals das Wappenbuch »Armorial Wijnbergen« (erschienen zwischen 1265 und 1288). 1328 erwähnte eine italienische Chronik für das Herzogtum Bayern den »schachbrettartigen« (»scacchi pendenti«) Schild in Silber und Blau.

1337 bezeichnete der aus Bayern stammende Kaiser Ludwig IV. den Rautenschild unzweideutig als »insignia armorum et vexilli Terre Bawarie« (»Wappenzeichen und Banner des Landes Bayern«).

Seit Mitte des 14. Jahrhunderts gingen die Rauten eine Verbindung mit dem Löwen oder einer anderen Wappenfigur im gespaltenen oder gevierten Schild ein; dadurch wurde die jahrhundertelang unveränderte Form des Wappens des bayerischen Fürstenhauses angebahnt.

Daß die Zahl der Rauten (einschließlich der von den Schildrändern angeschnittenen) einst auf 21 fixiert war, ist aus der Zeit um 1462 durch ein Huldigungsgedicht auf Ludwig von Bayern-Landshut sowie die Wappenbesserung für die Stadt Gundelfingen bekannt. 1806, Bayern wird Königreich, erinnerte man sich daran, als im neuen Wappen wegen der Vergrößerung des Staatsgebietes auch die Rautenzahl auf 42 verdoppelt wurde. Im Wappen von 1835 ist die Zahl der Rauten bereits nicht mehr vorgeschrieben, im Staatswappen von 1923 und in dem Neuentwurf von 1950 ebenfalls nicht.

Der goldene Löwe im schwarzen Feld des ersten Wappenquartiers weist auf die altbayerisch-oberpfälzischen Bezirke hin. Dieses Wappentier wurde von den Wittelsbachern »entlehnt«, denn bevor der heute in aller Welt als Wahrzeichen Bayerns bekannte Löwe Familienzeichen der Wittelsbacher wurde, war er das heraldische Sinnbild der Pfalzgrafschaft bei Rhein. Nach der Verlobung Ottos von Bayern mit der Erbtochter Agnes des welfischen Pfalzgrafen Heinrich des Langen wurden er und sein Vater, Herzog Ludwig I., als Lehensvormund von König Friedrich II. im Jahre 1214 mit der Pfalzgrafschaft belehnt. Die Pfalzgrafen ihrerseits hatten den Löwen wahrscheinlich aus dem ältesten bekannten Familienwappen des Herrschergeschlechts der Hohenstaufen übernommen, die bis 1195 als Pfalzgrafen bei Rhein regierten. Otto II. war dann

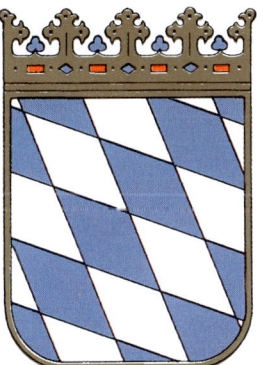

Kleines Staatswappen

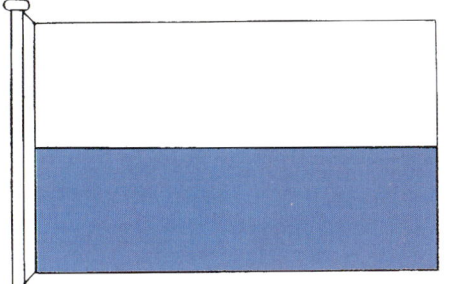

Staatsflagge (Streifenflagge)

Staatsflagge (Rautenflagge)

Siegel mit großem Staatswappen

Siegel mit kleinem Staatswappen

der erste Herzog der Wittelsbacher, der ein Siegel mit dem
Löwen führte (1229). Die Farbgestaltung ist seit etwa 1250 in
dieser Form bekannt.

Das zweite Wappenfeld im Großen Staatswappen Bayerns
nimmt das landläufig als »Fränkischer Rechen« bezeichnete
Bild ein. Heraldisch korrekt wird es so definiert: *»Im roten Feld
drei gekürzte silberne Spitzen«*. Das Symbol repräsentiert die frän-
kischen Regierungsbezirke des Freistaates. Die schon im
16. Jahrhundert volkstümlich »Rechen« genannten Zacken
erscheinen in der rot-silbernen Farbgebung zuerst um die
Mitte des 14. Jahrhunderts in einigen Ortswappen des Hoch-
stiftes Würzburg. Bereits um 1335 erscheint in der »Zürcher

Wappenrolle« das Banner des Bistums Würzburg mit dieser
Kolorierung: die vordere Hälfte des gespaltenen Tuches ist von
Rot und Weiß, die hintere fünfmal von Weiß und Rot geteilt.
Seit 1410 taucht der Rechenschild auch in den fürstbischöf-
lichen Siegeln auf. 1804 wurde dann dieses Symbol ausdrücklich auf das Herzogtum Franken bezogen, dessen Titularinha-
ber seit 1168 die Fürstbischöfe von Würzburg waren.

Das seltene Wappentier des Panthers im dritten Feld steht
für die altbayerischen Regierungsbezirke Nieder- und Ober-
bayern. Die altbayerische Linie der Spanheimer, ein aus Kärn-
ten stammendes Geschlecht, führt den Panther (ein drachen-
ähnliches, »pantherartiges« Fabelwesen – also keinesfalls mit
der afrikanisch-asiatischen Großkatze gleichzusetzen) seit dem
12. Jahrhundert in ihrem Wappen. Nach den Forts Kreuburg
und Ortenburg nannte sich dieser Familienzweig auch Pfalzgrafen von Ortenburg (Niederbayern). 1248 traten die Wittelsbacher deren Nachfolge an, als sie durch Kauf das Lehen
erwarben. Nach alter Überlieferung war der Panther ursprünglich rot. Im heutigen Großen Bayerischen Staatswappen ist er
blau tingiert, weil man ihn in Verbindung mit dem Ingolstäd-
ter Stadtwappen brachte und glaubte, er stamme aus einem
früheren Heerzeichen der bayerischen Herzöge.

Im vierten Quartier des Großen Staatswappens blicken uns
die drei schwarzen Löwen der Hohenstaufen an, die ob ihrer
Kopfwendung von der mittelalterlichen Kanzleiheraldik als
»Leoparden« bezeichnet wurden. Dieses Wappenbild ist erstmals nachweisbar in einem aus dem Jahre 1216 stammenden
Reitersiegel Heinrichs VII. von Hohenstaufen. Die Farbgebung
folgt den ältesten Nachweisen, doch war sie im Spätmittelalter
nicht immer einheitlich, weil man das Wappen auf die Welfen
zurückführen wollte. Heute stehen die drei Löwen für den
schwäbischen Teil Bayerns, da die Hohenstaufen im Hochmittelalter das Amt der Herzöge von Schwaben innehatten.

Bayern ist das einzige Land der Bundesrepublik, das zwei
gleichberechtigte Landesflaggen führt: Streifenflagge und Rautenflagge. Die Streifenflagge besteht aus zwei gleich breiten
Querstreifen in den Landesfarben oben weiß, unten blau. Die
Rautenflagge enthält mindestens 21 weiße und blaue Rauten,

wobei die von den Rändern angeschnittenen Rauten mitge-
zählt werden. Bei langen und schmalen Flaggen kann sich die
Anzahl erhöhen. In jedem Fall ist aber die rechte obere Ecke
des Flaggentuches stets für eine angeschnittene weiße Raute
bestimmt.

Die verbindliche Farbreihenfolge Weiß vor Blau ist anläßlich
der Vorbereitungen zur 700-Jahrfeier des Hauses Wittelsbach
durch königlichen Entscheid vom 11. September 1879 festgelegt worden.

Berlin

Fläche: 889 km^2
Einwohner: 3,47 Mill.
Geographie: Die deutsche Hauptstadt liegt im moorigen War-
schau-Berliner Urstromtal, welches das Stadtgebiet – das
größte der Bundesrepublik – in zwei etwa gleich große Teile
scheidet, im Südwesten die Grundmoränenplatte des Barnim,
im Nordosten der Teltowrücken.
Gründung: Die fast vollständig zerstörte Stadt ist nach dem
Zweiten Weltkrieg von den vier alliierten Hauptsiegermächten
in Sektoren eingeteilt worden. Im Zuge des kalten Krieges
fand 1948 die administrative Spaltung statt: In das von den
drei Westmächten unter weitgehender Selbstverwaltung
regierte West-Berlin (das kein konstitutiver Teil der Bundesrepublik Deutschland war) und das entgegen den alliierten Ver-
einbarungen von der DDR als deren »Hauptstadt« deklarierte
Ost-Berlin. Mit der deutschen Vereinigung 1990 entstand auch
wieder ein einheitliches Land Berlin.

Hoheitszeichen

Das **Landeswappen Berlins,** das mit dem Stadtwappen identisch ist, zeigt gemäß dem Hoheitszeichengesetz des Landes (West-)Berlin vom 13. Mai 1954 im silbernen (weißen) Schild einen aufgerichteten schwarzen Bären mit roter Zunge und roten Krallen. Auf dem Schild ruht eine goldene, fünfblättrige Laubkrone, deren Stirnreif aus Mauerwerk mit einem Tor in der Mitte ausgestattet ist.

Über die Frage, wie Berlin »auf den Bären kam«, wird seit langem vortrefflich disputiert. Möglicherweise dachten die »Erfinder« an Albrecht den Bären, der im 12. Jahrhundert lebte und als Eroberer und Begründer der Mark Brandenburg gilt. Es gibt auch eine linguistische Version: So soll der Bär lautmalerisch auf den Namen Berlin hinweisen. Doch das ist wenig wahrscheinlich, denn zur Zeit der Kreierung des Bärenbildes sprach man Mittelhochdeutsch, und darin bedeutet das Wort »berle, berlin« soviel wie »Perlen«.

Mit Datum des 28. Oktober 1237 wurde Cölln, die Schwesterstadt von Berlin, erstmals urkundlich erwähnt, Berlin selbst 1244. Eine eigentliche Berliner Gründungsurkunde existiert jedoch nicht. Das 13. Jahrhundert war die Zeit der deutschen Ostbesiedlung. Träger derselben in der späteren Mark Brandenburg war das Fürstengeschlecht der Askanier, die um 1230 das Gebiet der Landschaften des Barnim und des Teltow erwarben, d. h. das Territorium des heutigen Berlin.

Jene Epoche sah auch eine Hochblüte märkischer Städtegründungen. Alle diese Kommunen waren rechtsfähige Körperschaften und hatten somit die Befugnis, zur Beurkundung ihrer Amtsgeschäfte und -handlungen ein Siegel zu führen. Das bedeutete, daß Verträge nicht durch Unterschriften, sondern durch Siegel bzw. deren Abdruck in Wachs Rechtskraft erlangten. Die Siegel wurden von der landesherrlichen Obrigkeit, den askanischen Fürsten, verliehen.

Das älteste uns bekannte Berliner Siegel stammt aus dem Jahre 1253. Es zeigt als Wappentier den markgräflich-brandenburgischen Adler unter einem mit drei spitzbedachten Zinnen-

Landesflagge

Allgemeine Dienstflagge

Dienstflagge der Mitglieder des Senats

Banner

Großes Landessiegel

Kleines Landessiegel

türmen umgebenen Stadttor. Es trägt eine Umschrift in goti-
schen Großbuchstaben und lateinischer Sprache: *»Sigillum de
Berlin Burgensis«*. Es ist eine Urkunde, mit der Markgraf
Johann I. die durch ihn gegründete Stadt Frankfurt an der
Oder mit dem Berliner Recht ausstattet.

Die entscheidenden Sätze dieser Rechtsbelehrung lauten:
*»Wenn nun die sieben Jahre der Freiheit, die wir derselben Stadt von
dem nächsten Martinsfest an vorher gegeben haben, zu Ende sind, so
wollen wir, daß sich die Stadt eben des Rechts erfreue, wie die Stadt
Berlin und daran genügen lasse.«* Interessant ist, daß auf diesem
ältesten überlieferten Siegel der *»Berliner Bär«* noch nicht
erscheint.

Das geschah zum ersten Male im Jahre 1280. Der Rat der
Stadt Berlin bestätigte am 22. März 1280 im sogenannten
Kürschnerstatut, daß kein der Berliner Innung Angehörender
Kürschnerwaren in Berlin kaufen und verkaufen durfte. Besagtes Siegel stellt zwei Bären als Schildhalter des brandenburgischen Adlers mit Helm und Helmzier dar. Es trägt die lateini-
sche Inschrift: *»Sigillum Burgensium de Berlin sum«* (*»Das Siegel
der Bürger von Berlin bin ich«*). Dieses Symbol wird heute als
Vorläufer des Berliner Stadtwappens betrachtet.

Das Stadtsiegel von 1280 und seine später daraus entwickelten Wappen waren danach stets Ausdruck der stadtpolitischen
Situation. Der allgemeinen Öffentlichkeit galt jedoch nur der
Bär als Berliner Wappentier, wie im Wappenbuch des bayerischen Herolds Jörg Rugenn aus dem Jahre 1492 nachzusehen
ist. Die Tingierung (Farbgebung) des Berliner Wappens ist spätestens durch die Veröffentlichung in dem bedeutenden Sieb-
macherschen Wappenbuch (1605) bezeugt: *»Ein weißer schildt/
der Beer darin schwartz«*.

Eine Urkunde des Berliner Rates aus dem Jahre 1338 zeigt
erstmalig den Bären in der Mitte eines Siegelmedaillons. Am
Hals des Bären befindet sich ein Band, das einen Schild mit
dem brandenburgischen Adler wie einen Drachen hinter sich
herzieht. Dieses sogenannte Sekretsiegel (*»Secretum Civitatis
Berlin«*) findet sich auch noch auf der Unterwerfungsurkunde
des Jahres 1448, als die Erhebung der Berliner Bürger gegen
die seit einigen Jahrzehnten neuen Herren der Mark Branden-

burg, die Hohenzollern, niedergeschlagen wurde. Dieser »Berliner Aufruhr« war gleichzeitig das Ende einer bürgerlichen Selbständigkeit. Fortan war Berlin Residenz der Hohenzollern.

Diese veränderte politische Situation fand ihren bildhaften Ausdruck auch im nächsten Siegel (1460). Es zeigt den landesherrlichen Adler, der sich auf dem Rücken des auf allen Vieren schreitenden Bären – gleichsam reitend – festkrallt und sicherlich als Ausdruck der Unterwerfung der Stadt unter die Herrschaft der Kurfürsten der Hohenzollern zu deuten ist. Jenes Siegel hatte, mit Modifikationen, bis 1709 Bestand.

Am 18. Januar 1701 krönte sich Kurfürst Friedrich III. von Brandenburg in Königsberg (Pr.) als Friedrich I. zum König in Preußen. Auf den Tag neun Jahre später wurde die bisherige Doppelstadt Berlin/Cölln durch königlichen Erlaß zu einer Kommune zusammengefaßt. Am 6. Februar 1710 wurde ein neues Wappen und Siegel für die Einheitsgemeinde verordnet. Es ist ein in drei weiße Felder geteilter Schild; die beiden oberen zeigen den schwarzen preußischen und den roten brandenburgischen Adler. Im unteren steht der Bär, ein Halsband tragend. Über dem Schild, das von Laubornamenten umrahmt ist, befindet sich der »Souveraine Churhut«, die Krone des aus dem Kurfürstentum aufgestiegenen preußischen Königreiches.

1839 wurde das Wappenbild verändert, indem statt der Kurkrone der Hohenzollern nun eine Mauerkrone über dem Bärenschild erscheint; dadurch wird es auch zum Stadtsiegel. 1875 wurde dann der Bär vom »gezähmten« zum »freien« Tier: Auf Beschluß des Magistrates entfiel das Halsband. 1883 schied Berlin aus der Mark Brandenburg aus und konstituierte sich als eigener Verwaltungsbezirk. Das ließ im Magistrat intensive, doch letztlich fruchtlose Diskussionen aufkommen, ein neues Wappen zu schaffen, das der veränderten Situation Rechnung tragen sollte. Nach dem Ende der Monarchie 1918 wurde es zwar Brauch, nur den Bären im Stadtwappen zu verwenden, doch dauerte es bis 1935, bis die deutsche Hauptstadt wieder ein amtliches Wappen haben sollte. Dieses von Prof. Sigmund Weech entworfene Symbol zeigt den aufrechten Berliner Bären allein im Schild, eine stilisierte Mauerkrone

obenauf. Dieses Wappen blieb nach Ende des Zweiten Weltkrieges bis zur Wiedervereinigung das heraldische Symbol
Ost-Berlins.

Das neue West-Berliner Wappen entstammt einem 1954
abgeschlossenen Wettbewerb, gezeichnet von einem Altmei-
ster der deutschen Heraldik und Vexillologie, Dr. Ottfried
Neubecker. Die entscheidende Änderung gegenüber dem Vor-
kriegswappen (resp. dem von Ost-Berlin) stellt die veränderte
Krone dar, nämlich eine Mischung aus Mauer- und Blätterkrone (»Volkskrone«). Im Berliner Wappen deutet die Blätterkrone auf die Landesqualität Berlins hin.

Die Farben der Berliner **Landesflagge** basieren auf dem brandenburgischen Kolorit Rot-Weiß. Die Zeichnung basiert auf
jener ebenfalls im Jahre 1935 geschaffenen Stadtflagge, die von
Ost-Berlin weitergeführt wurde. Die heutige Flagge datiert,
wie das Wappen, von 1954.

Mit der Herstellung der rechtlichen Einheit der Stadt Berlin
im Rahmen der deutschen Wiedervereinigung am 3. Oktober
1990 wurde das West-Berliner Hoheitszeichengesetz auf den
Ostteil der Kommune »übertragen«. Damit gelten von diesem
Zeitpunkt an alle bisherigen West-Berliner Landessymbole für
ganz Berlin.

Brandenburg

Fläche: 29 053 km^2
Einwohner: 2,55 Mill.
Hauptstadt: Potsdam
Geographie: Die Landesfläche wird zum einen durch eine Vielzahl von Seen, Flüssen und Kanälen charakterisiert, die Brandenburg zu dem an Wasserwegen reichsten Bundesland machen. Zum anderen prägen südlich von Berlin typische Sandlandschaften das Bild. Westlich und südlich des Spreewaldes erstrecken sich zwei Hügelketten, der Fläming und die Lausitzer Höhen.
Gründung: Wie alle neuen Bundesländer ist auch Brandenburg mit Inkrafttreten des Einigungsvertrages vom 3. Oktober 1990 integraler Bestandteil der Bundesrepublik Deutschland geworden. Noch am 22. Juli 1990 hatte die DDR-Volkskammer das »Verfassungsgesetz zur Bildung von Ländern in der Deutschen Demokratischen Republik« (Ländereinführungsgesetz) beschlossen, das am 14. Oktober 1990 Wirksamkeit erlangen sollte. Doch noch ehe ein Bundesstaat DDR entstehen konnte, war der Vereinigungsprozeß zum Abschluß gekommen.

Hoheitszeichen

Das **Wappen** des Landes Brandenburg, wie es im entsprechenden Hoheitszeichen-Gesetz vom 30. Januar 1991 festgelegt
ist, bildet auf einem Schild in Weiß (Silber) einen nach rechts
blickenden, mit goldenen Kleestengeln auf den Flügeln gezier-
ten und goldbewehrten roten Adler ab.

Dieses heraldische Sinnbild präsentiert sich somit im
wesentlichen in der Form, wie es seit dem Ende des 12. Jahrhunderts von den askanischen Markgrafen von Brandenburg
und ihren Nachfolgern verwendet worden ist und bis ins
20. Jahrhundert als Sinnbild der Mark Brandenburg schlechthin gilt.

Mit Albrecht dem Bären aus dem Geschlecht der Askanier
begann im 12. Jahrhundert die Geschichte der Mark Brandenburg als eigenständiges deutsches Territorium. Albrecht war
1134 vom deutschen König Konrad III. mit der Nordmark
belehnt worden und erbte 1150 nach dem Tode des Heveller-
fürsten Pribislaw-Heinrich das Havelland mit Stadt und Burg
Brandenburg als Herrschaftsmittelpunkt. Dort war bereits 948
ein deutsches Bistum errichtet worden, das jedoch in den Sla-
wenaufständen von 983 zugrunde gegangen war. Seit 1157
führten Albrecht und seine Nachkommen den Titel »Markgraf
von Brandenburg« und übertrugen damit den Namen der
Stadt auf das gesamte Territorium, das die Askanier im 12.
und 13. Jahrhundert durch Eroberung und Besiedlung erwarben.

Schon der Sohn Albrechts des Bären, Markgraf Otto I.,
führte seit 1170 den Adler als Herrschaftssymbol der Askanier
erstmals im Schild. Unter Otto II. erschien seit etwa 1200 der
Adler im Fahnentuch des Herrschers. Dieses Wappentier »entlehnten« die Askanier wohl dem deutschen Königssymbol,
dem schwarzen Adler nämlich, den auch das Heerbanner
zeigt, welches Albrecht der Bär anno 1134 als Lehnszeichen
vom deutschen König verliehen bekam. Zur Unterscheidung
tingierte man ihn später rot, vielleicht mit der Gedankenasso-
ziation: Brennen, Brand, Brandenburg.

Landesflagge

Großes Landessiegel

Kleines Landessiegel

Kleines Landessiegel
in abgewandelter Form

Kleines Landessiegel
in abgewandelter Form

Alle auf die Askanier (1319/20 ausgestorben) folgenden Regentengeschlechter haben den Adler als Wappen der Mark Brandenburg geführt: die Wittelsbacher (1324–1373), die böhmischen Luxemburger (1373–1411) und die Hohenzollern (1411/15–1918). Das galt auch für die Zwischenkriegszeit, als die preußische Provinz Brandenburg dieses Symbol als ihr Hoheitsbild weiterführte.

Im »Großen Wappen« der brandenburgischen und seit 1701 auch preußischen Könige nahm der rote Adler eine besonders bevorzugte Stellung ein, da die Mark Brandenburg Ausgangs- und Ursprungsland der brandenburgisch-preußischen Monarchie war: Die rechts und links als Schildhalter neben dem großen Wappenschild der preußischen Könige stehenden »Wilden Männer« hielten seit Anfang des 18. Jahrhunderts die Standarten des Königs von Preußen (mit dem schwarzen preußischen Adler) und des Kurfürsten von Brandenburg (mit dem roten brandenburgischen Adler) in ihren Händen.

Doch in jener Zeit bot sich, zumindest auf diesen Standarten, der rote Adler schon nicht mehr nur im schlichten Gewand dar, sondern um einige Würdezeichen »gebessert«: Kurhut, Schwert, Zepter und Brustschild mit dem Erzkämmererstab (Zepter).

Als der Burggraf von Nürnberg aus dem Hause Hohenzollern, Friedrich VI., im Jahre 1417 in Konstanz mit der Markgrafschaft Brandenburg belehnt wurde, überreichte ihm Kaiser Sigismund als Zeichen seiner neuen Amtswürde als Erzkämmerer des Reiches das Zepter, heraldisch in Gold auf blauem Grund dargestellt. Seit der Verkündung der »Goldenen Bulle« durch Kaiser Karl IV. 1386, dem bedeutendsten Verfassungsgesetz des Deutschen Reiches bis 1806, wurden sieben Erzämter geschaffen resp. bestätigt, ausgeübt von den sieben Kurfürsten des Reiches, drei geistlichen, vier weltlichen. Der Erzkämmerer, also der Markgraf von Brandenburg, trug bei den durch die Kurfürsten vorgenommenen deutschen Königswahlen dem alten und neuen Herrscher das Zepter voran.

Das Zepter der Hohenzollern in Brandenburg ist seit ihrer Belehnung mit der Markgrafschaft als ständiges Attribut ihrer Würde geführt worden, entweder als aufrechtstehendes Zei-

chen im Schild und/oder in den Fängen des Adlers, zusammen
mit dem Schwert.

Auf den brandenburgischen Territorialwappen waren diese
Würdezeichen jedoch nicht immer (oder nur zum Teil) zu
sehen. Sie waren vorübergehend quasi »ausgewandert«, um
im »Großen Brandenburg-Preußischen Wappen« eine ihrer
Bedeutung entsprechend bevorzugte Stellung im Gesamtwap-
pen – in der Mitte, im Bereich des Schildhauptes oder als
Schildhalter – einzunehmen. Erst 1824 (Kurhut, Schwert, Zepter) bzw. 1864 (Brustschild) fanden diese »Ehrenzutaten« Eingang in die brandenburgischen Provinzialwappen, wiewohl
mit dem 1806 niedergegangenen Heiligen Römischen Reich
Deutscher Nation auch deren Kurwürden gegenstandslos
geworden waren.

Das wiedergegründete Land Brandenburg hat den Adler-
schild im Januar 1991 durch Landtagsbeschluß wieder aufgenommen und dabei die von allem monarchischen Zierat
befreite Urform wiederbelebt.

Als einziger heraldischer Schmuck geblieben sind die »Kleestengel«. Diese wurden zum Zubehör des Adlers, als man die
auf Siegeln plastisch angedeutete Flügelmuskulatur (»Saxen«)
in Kleestengel umdeutete.

Die **Landesflagge**, rot über weiß gestreift, gibt die Hauptwappenfarben (gleichzeitig die Landesfarben) wieder. Sie galt
bereits seit 1821 als brandenburgische Provinzialflagge und
wurde gleichfalls im Januar 1991 mit aufgelegtem Landeswappen erneuert.

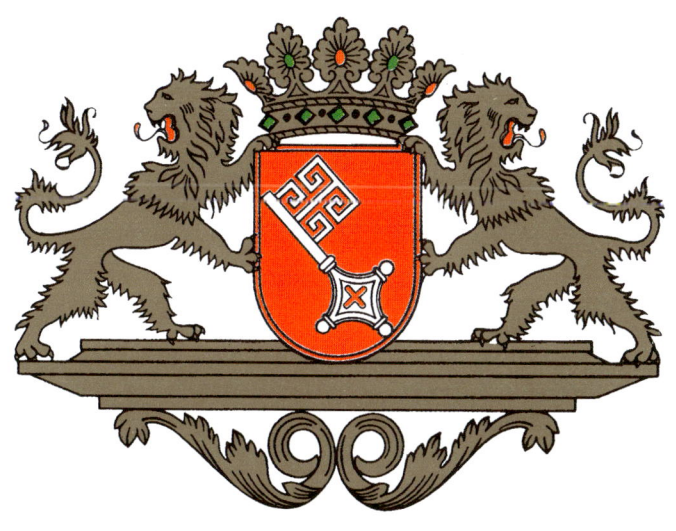

Bremen

Fläche: 404 km^2
Einwohner: 686 000
Geographie: Das kleinste Bundesland, gelegen an der unteren Weser, besteht aus den 60 km voneinander entfernten Landesteilen Bremen und Bremerhaven. Sitz der Landesregierung (»Senat«) ist Bremen.
Gründung: Das nach dem Zweiten Weltkrieg als Exklave zum amerikanischen Besatzungsgebiet gehörende Bremen ist am 21. Januar 1947 durch den Militärgouverneur als Land Bremen, die Kommunen Bremen und Wesermünde umfassend, proklamiert worden. Wesermünde wurde kurz darauf in Bremerhaven umbenannt. Seit 1949 ist die »Freie Hansestadt Bremen«, so die offizielle Bezeichnung, ein Land der Bundesrepublik Deutschland.

Hoheitszeichen

Die heraldischen und vexillologischen Hoheitssymbole Bremens beruhen auf der »Bekanntmachung, betreffend Vorschriften über das bremische Staatswappen vom 17. November 1891«.

Stadt und Land Bremen verfügen über drei Gestaltungsvarianten des **Wappens**: das Große, Mittlere und das Kleine Wappen.

Das »Große bremische Wappen« wird gebildet durch einen schräg nach rechts aufgerichteten, mit dem Barte linkshin gewendeten silbernen (weißen) Schlüssel gotischer Form in einem roten Schild. Auf dem Schild ruht eine goldene (gelbe) Krone, welche über dem mit Edelsteinen geschmückten Reif fünf sichtbare Zinken in Blattform zeigt. Der Schild ruht auf einer Konsole oder auf einem bandartigen Fußgestell und wird von zwei aufgerichteten rotbezungten rückwärts schauenden goldenen (gelben) Löwen gehalten.

Das »Mittlere Wappen« wird gebildet durch den gleichen Schlüssel im roten, mit der goldenen (gelben) Krone belegten Schild.

Das »Kleine Wappen« besteht lediglich aus dem Schlüssel. Im strengen heraldischen Sinne ist dieses als »Wappen« bezeichnete Zeichen kein solches, denn zu seiner »Wappenfähigkeit« fehlt ihm der Schild.

Die Gründung des Bistums Bremen anno 787 durch den angelsächsischen Missionar Willehad und die Verlegung des Erzbischofssitzes von Hamburg nach Bremen im Jahre 845 gaben den Anstoß zur Entwicklung des Gemeinwesens. Klar, daß der Sitz eines Erzbistums eines repräsentativen Gotteshauses bedurfte. So wurde unter Erzbischof Bezelin (1035–1043) mit dem Bau einer Kirche begonnen, die dann den Namen »St.-Petri-Dom« erhielt.

Da nimmt es nicht wunder, daß das Wappenbild Bremens das Heiligenattribut des Apostels Petrus darstellt: den Schlüssel. 1234 wird das erste Stadtsiegel bezeugt, das schon um 1220 zu vermuten und durch Abdrucke bis 1360 bekannt ist. Sein

Bild zeigt, einander auf prächtigen Sesseln gegenübersitzend, rechts einen Bischof mit Mitra und Krummstab in der Rechten, links einen Kaiser, der die Linke auf den Reichsapfel stützt; mit erhobenen Händen halten sie zwischen sich den Dom, zwischen den Figuren ist die Stadtmauer mit Tor sichtbar.

Das städtische »Geheimsiegel« von 1336 zeigt unter der alleinigen Gestalt des thronenden Petrus auch das Wappen Bremens, den linksbärtigen, schrägliegenden Schlüssel, im Unterschied zu den beiden gekreuzten Schlüsseln des Bistumwappens. Seit 1369, als das erzbischöfliche Münzrecht erstmals an den Bremer Rat verpfändet wurde, finden wir den Schlüssel – frei oder im Schild – auf bremischen Münzen.

Münzen dokumentieren auch die Weiterentwicklung des Stadtwappens. Auf dem Reichstaler von 1568 wird der Schild erstmals von zwei Löwen gehalten, die sechs Jahre zuvor auf dem Herdertor bereits »widersehend« (rückschauend) dargestellt wurden. 1617 taucht die fünfzinkige Krone über dem Schild auf. Als Variante dazu zeigen die Bremer Taler 1617–1624 ein »Vollwappen« mit Helm, Helmzier und einem schlüsseltragenden Löwen, wie es heute etwa noch im sogenannten Präsidentensiegel zu sehen ist.

Das erste ausschließliche Wappensiegel wurde erst 1833 eingeführt. In Darstellungen auf Bauwerken, Marken, Brennstempeln und in Wappenbüchern (z. B. im »Siebmacher« 1605) ist jedoch der Schlüssel als das alleinige Zeichen schon viel früher häufig nachweisbar. Interessant ist die Deutung des Schlüssels zur Reformationszeit. Als der Protestantismus 1530 in Bremen Fuß faßte, wollte man dieses Emblem nicht mehr als Beigabe des heiligen Himmelspförtners verstanden wissen, sondern suchte nach weltlichen Bezügen. Der Humanist Johannes Molanus (gest. 1583) schrieb den Schlüssel z. B. dem altrömischen Gott Janus, Hüter von Tür und Tor, zu; auch nicht gerade eine säkulare Begriffsfindung.

Das ritterliche Oberwappen und die seit der Spätgotik üblichen heraldischen Prachtstücke traten auch im bremischen Wappen allmählich auf und hielten sich bis heute. Als Schildhalter kommen sie zuerst auf dem gotischen Ratsgestühl und einem Portal der Rathaushalle von 1550 mit zwei Engeln vor.

Staatsflagge mit Flaggenwappen

Staatsflagge mit Mittlerem Wappen

Landesdienstflagge der bremischen Schiffahrt

Mittleres Wappen

Kleines Wappen

Großes Siegel

Kleines Siegel
mit Großem Wappen

Kleines Siegel
mit Mittlerem Wappen

Kleines Siegel
mit Kleinem Wappen

Sie wurden, anfänglich auf Münzen, seit 1568 durch zwei dem Schild zugewendete Löwen verdrängt, die ihre Blickrichtung alsbald um 180 Grad drehten. Eine direkte Beziehung zwischen den Löwen und Bremen besteht natürlich nicht; Löwen waren begehrte heraldische Figuren.

Die Krone läßt sich erstmals in einem Signet der Stadt aus dem späten 16. Jahrhundert auf dem Schild, zusammen mit schildhaltenden Löwen und einem geflügelten Engelsrumpf oberhalb des Schildes, feststellen. Die für die heutige Krone maßgebliche fünfzinkige Laub- oder Volkskrone findet man zunächst wieder auf Münzen, und zwar von 1617. Regelmäßig wurde sie ab 1650 als Zutat zum Schild benutzt. Zu jener Zeit wendeten auch die Löwen ihre Blickrichtung nach rückwärts.

Es verwundert nicht, daß Bremen als traditionsreiche Seehandelsstadt über verschiedene **Flaggen** verfügt, die aber alle auf dem Muster der rot-weißen Streifenführung mit der gleichfarbigen Würfelzeichnung am Liek (Flaggstockseite) basieren – dem »Specksnieder«, wie das Tuch im Niederdeutschen heißt, für das sich im Hochdeutschen der Begriff »Speckflagge« einbürgerte.

Die roten und weißen Streifen sind wahrscheinlich viel älter als das heraldische Bild des Bremer Schlüssels. Dieses hat die Farben wohl erst aus der Flagge abgeleitet. Daß auch die bremischen Schiffe zunächst den roten kaiserlichen Gonfanon (Kriegsfahne) führten, und dieser noch als Stadtzeichen fortgalt, beweist das Stadtbuch von 1303, das die Vorschriften Hamburgs über die Führung des roten Flügers (Wimpel zur Bestimmung der Windrichtung) übernahm. Auf das bildlose Tuch wurde, vielleicht schon vor der Mitte des 14. Jahrhunderts, der weiße Schlüssel zur Unterscheidung von den Toppflaggen anderer Städte gesetzt. Mehrfach von Rot und Weiß gestreifte Flaggen sind z. B. im 16. Jahrhundert auch für Lübeck bezeugt.

Das Bremer Geleitschiff »Wappen von Bremen« zeigt auf einem Ölbild von 1691 bereits die heutige bremische Flagge mit den vielen roten und weißen Streifen und dem zweistreifigen Würfelmuster am Liek. Sie weht dort vom Topp und vom Heck. Von 1693 an enthalten alle Flaggenbücher die bremische

Flagge mit fünf roten und vier weißen Streifen, während erhaltene Originalstücke und Schiffsbilder immer eine gerade Anzahl von Streifen, und zwar oben mit Rot beginnend, nachweisen. Beispiele mit fünf, sieben, acht und neun Streifenpaaren beweisen, daß die paarige Anordnung die richtige ist; sie wurde denn auch 1891 vorgeschrieben.

Der traditionellen Wandlungsfähigkeit wurde damals ebenfalls mit der Bestimmung Rechnung getragen, daß die »Staatsflagge« mindestens achtmal gestreift sein solle und, wenn sie wenigstens zwölfmal gestreift sei, auch in einem eingesetzten Mittelfeld das »Große Staatswappen« enthalten könne. Die achtmal gestreifte Flagge darf das »Kleine Staatswappen« enthalten. Zusätzlich wurde Privatpersonen die Führung des Wappens in der Flagge ausdrücklich erlaubt.

Bremische Flaggen mit eingesetzten Mittelfeldern kennt man schon seit 1744; die Originalflagge von der Herrenyacht aus jenem Jahr wurde bis zur »Franzosenzeit« (1810–1815) geführt und zeigte in dem Mittelfeld der zehnstreifigen Flagge ein Segelboot mit Lorbeerkranz. Nach Wiederherstellung der Landeshoheit tritt an die Stelle des Bootes ein »Großes Staatswappen« mit schildhaltenden Löwen und einem »wachsenden«, einen Bremer Wappenschlüssel in den Pranken haltenden Löwen auf dem Bügelhelm. Eine Kombination, die man seit 1731 kennt und 1891 zur Sonderform für die »Große Staatsflagge« erklärt hat, aber auch an anderen Stellen, z. B. im »Großen bremischen Siegel« führt.

Die gleichfalls 1891 als Sonderabzeichen für die im Staatsdienst fahrenden Schiffe eingeführte Oberecke mit einem blauen Anker kam bald außer Gebrauch, wurde aber 1952 – auch zur Beflaggung von der Schiffahrt dienenden Gebäuden – wiederbelebt. Während der Zeit des Dritten Reiches waren zwar Landesflaggen verboten, die bremische Flagge – ohne Wappen – überlebte aber als Erkennungsflagge der Weserlotsen jene Epoche.

Bremen führt heute noch drei staatliche Flaggen: die »Staatsflagge mit Flaggenwappen«, die »Staatsflagge mit Mittlerem Wappen« und die »Landesdienstflagge der bremischen Schiffahrt«.

Hamburg

Fläche: 755 km^2
Einwohner: 1,7 Mill.
Geographie: Deutschlands zweitgrößte Stadt liegt im Bereich des Stromspaltengebietes der Elbe, 110 km unterhalb ihrer Mündung in die Nordsee. Der größte Teil des Territoriums gehört zur höhergelegenen Geest, die Vier- und Marschlande an der Oberelbe sowie das Gebiet zwischen Harburg und Cranz an der Estemündung und auch Teile der Innenstadt bilden die tiefliegenden Areale.
Gründung: Das Stadtgebiet ist am 3. Mai 1945 von britischen Truppen eingenommen und ihrer Besatzungszone eingegliedert worden. Am 6. Juni 1952 erhielt die seit 1949 der Bundesrepublik Deutschland zugehörige »Freie und Hansestadt Hamburg« ihre heute noch gültige Nachkriegsverfassung.

Hoheitszeichen

Die wappen- und flaggenkundlichen Symbole Hamburgs beruhen auf historischen Überlieferungen, diversen Senatsbeschlüssen sowie der Verfassung der Stadt vom 6. Juni 1952.

Auch Hamburg kennt drei Formen seines **Wappens**. Das »Große Landeswappen« zeigt im roten Schild eine aus dem Schildfuß wachsende silberne (weiße) Burg mit geschlossenem Rundbogentor. Auf der sieben Zinnen zeigenden Mauer stehen zwei flankierende Türme mit je vier Zinnen; zwischen ihnen erhebt sich ein dritter Turm mit einer Kuppel, die mit Knauf und Kreuz gekrönt ist. Über den Seitentürmen schwebt je ein silberner (weißer) sechsstrahliger Stern. Auf dem Schild ruht ein silberner (weißer), mit Purpur gefütterter Spangenhelm mit silbern-roter Decke und gleichfarbigem Wulst, aus dem sich sechs rote Lanzenfähnchen mit der silbernen (weißen) Burg und drei Pfauenwedeln in der Ordnung erheben, daß je zwei Fähnchen den mittleren Wedel einschließen. Der Schild wird von zwei widersehenden goldenen (gelben) Löwen mit aufgeschlagenen Schweifen und mit roten gereckten Zungen gehalten.

Das »Mittlere Landeswappen« zeigt den Schild mit Helm, Helmzier und Helmdecke, aber ohne Schildhalter. Das »Kleine Landeswappen« zeigt den Schild mit der Burg allein.

Das eigentliche Wappenbild Hamburgs, die Burg, ist im wesentlichen durch die Jahrhunderte immer gleich geblieben. Die unterschiedlichen Abwandlungen – seien es farbliche Änderungen oder heraldische Ausschmückungen – sind zumeist durch den künstlerischen Stil der jeweiligen Epoche bestimmt, doch sind auch Erfordernisse der schlichten Erkennbarkeit und spezielle Wünsche der Unterscheidbarkeit für einzelne Personen und Institutionen ausschlaggebend gewesen.

Die Siegel sind die reichste Quelle zur Hamburger Wappengeschichte. Das älteste bekannte Stadtsiegel mit dem Burgbild ist jenes, das uns auf einer Urkunde aus dem Jahr 1241 entgegentritt. Das Typar (Siegelstempel) mag wohl schon um 1215 im Zusammenhang mit dem noch älteren Stadtrecht (1185)

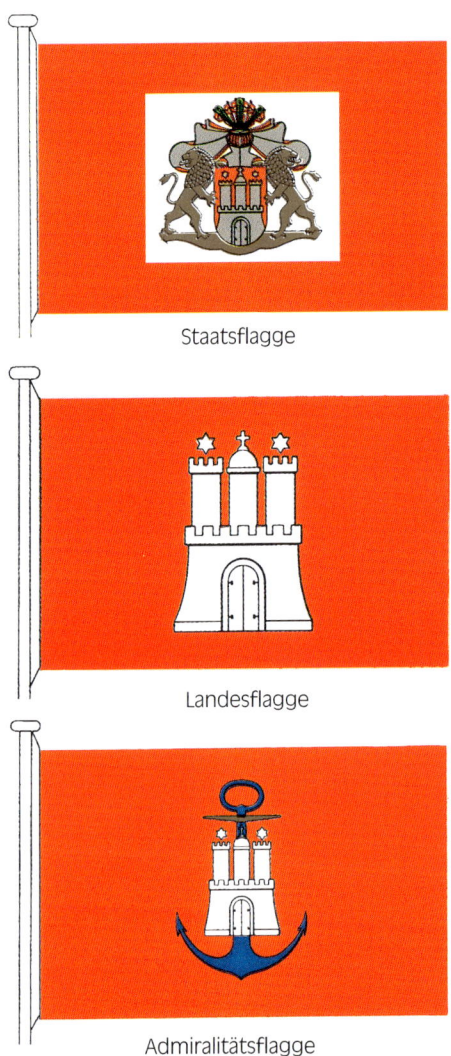

Staatsflagge

Landesflagge

Admiralitätsflagge

Mittleres Landeswappen

Kleines Landeswappen

Großes Staatssiegel

Großes Dienstsiegel

Kleines Dienstsiegel

entstanden sein. Die Umschrift dieses Siegels lautet: »SIGILLVM BVRGENSIVM DE HAMMENBVRCH« = »Siegel der Burg(Bürger-) gemeinde von Hammenburch«.

Die Wiedergabe der Burg im Siegel steht sowohl für den Stadtnamen als auch für das damals übliche Sinnbild des Begriffs »Stadt«. Das Bauwerk besteht aus zwei zweistöckigen Türmen, deren unteres Stockwerk gezinnt und deren oberes, an der Spitze verjüngt zulaufend, mit einer viereckigen Zinnenplatte gedeckt ist, deren weit überrragende Ecken durch Stangen gestützt werden. Zwischen den Türmen erstreckt sich eine kurze gezinnte Mauer mit einem Rundbogentor, das von zwei eisenbeschlagenen Flügeltoren geschlossen gehalten wird. Hinter der Mauer erhebt sich ein niedriges einstöckiges Gebäude mit zwei viereckigen und einem runden Fenster, dessen Spitzgiebel in einem langen Kreuz auslaufen. Neben letzterem schwebt je ein sechsstrahliger Stern.

Gemäß den Siegelvorlagen formten sich die Wappenbilder heraus. Doch anfänglich lagen diese noch farblos im Schild. Die älteste uns bekannte farbige Zeichnung eines Hamburger Wappens datiert aus einem Bruderschaftsbuch von etwa 1460 und zeigt einen Diener des Senats in knieender Betstellung vor der Jungfrau Maria, der damaligen Patronin der Stadt und seiner Bruderschaft; das gesamte Wappenbild ist in tiefem Purpurrot gehalten.

Auch in der nächsten uns überlieferten kolorierten heraldischen Darstellung ist die Burg in Rot wiedergegeben. Es handelt sich dabei um die Prunkhandschrift des Stadtrechts von 1497. In der Randzeichnung des ersten Blattes liegt im goldenen Schild die rote Burg, mit einem goldenen Nesselblatt im Tor. Und auf den Schließen des Prachtbandes ist die Burg silbern auf rotem Emaille plaziert. Über die Jahrhunderte hinweg war dann die überwiegende Farbgebung des Hamburger Wappens diese: rote Burg im silbernen Feld – bis zum 13. April 1835.

In jenem Frühjahr beriet der Senat (die Regierung der Hansestadt) über die Neuanfertigung eines Siegels. Bei dieser Gelegenheit sollte nun auch endgültig und ausdrücklich über die Farbkomposition der Wappenbilder entschieden werden. Man legte fest: Die Burg wird weiß (bzw. silbern), das Feld rot. Wie kam man zu diesem Entschluß?

Es waren drei Gründe dafür maßgebend: Zum einen gaben seit dem 17./18. Jahrhundert die führenden Wappenbücher diese Kolorierung wieder, zum anderen hatte man durch die Senatsbeschlüsse zu den Flaggenreglements von 1751 und 1834 schon eine entsprechende Vorentscheidung für die in Hamburg wichtige Schiffahrt getroffen, und zum dritten wollte man sich der Farbgestaltung der Wappen benachbarter Landschaften und Städte anschließen (Bremen, Holstein, Stormarn u. a.).

Seit dem diesbezüglichen Senatsbeschluß vom 13. April 1835 – der übrigens auch die Hinzufügung des Turmkreuzes und der beiden Sterne verbindlich bestimmte – sind die Wappenfarben abschließend geregelt worden. Gleichzeitig wurden Hamburgs Farben festgesetzt: Weiß-Rot. Hierbei verfuhr man gemäß der Regel: Werden die Wappenfarben in eine Fahne resp. Flagge gesetzt, rangiert die Farbe des Hauptbildes – hier also die weiße Burg – vor dem Schildfeld (hier Rot). Die Unterteilung in das »Große«, »Mittlere« und »Kleine Wappen« schließlich beschloß der Senat erst 67 Jahre später, am 26. März 1902.

Nun noch einige Worte zur Symbolbedeutung des Wappens. Die Burg drückt die Verteidigungsbereitschaft der hamburgischen Selbständigkeit aus. Der bekrönte Mittelturm gehört nicht zur Stadtbefestigung, sondern symbolisiert die der Jungfrau Maria geweihten Domkirche, die zu Anfang des 19. Jahrhunderts abgebrochen wurde. Die beiden Sterne werden als ihr Sinnbild gedeutet. Das Gotteshaus war eine Gründung des ersten Erzbischofs, dessen Sitz 848 nach Bremen verlegt wurde.

Die dreitürmige Burg trägt die Hauptmerkmale der Stadt des 13. Jahrhunderts, als in Hamburgs Entwicklung der entscheidende Schritt zur Loslösung von der Landesherrschaft der Holsteiner Grafen erfolgte. Aber die Erinnerung an die ehemalige bedeutsame kirchliche Aufgabenstellung des Erzbistums war durchaus noch lebendig.

Hamburgs **Flaggenführung** basiert auf eine der ältesten dementsprechenden Seerechtsverfügungen der Welt: »*Ein* *jedelc user borghere scal voren enen roden vlugher« (»Ein jeglicher unserer Bürger soll einen roten Flüger führen«)* heißt es u. a. in jener Verordnung aus dem Jahre 1270. Unter Flügern versteht man an den Mastspitzen gesetzte, teilweise in Rahmen gespannte Windfahnen.

Um 1470 dürfte Hamburg dazu übergegangen sein, die in seinem Staatswappen seit langem geführte Burg auch auf Schiffsflaggen anzubringen, und zwar rot in einem weißen Schild. Für diese Farbstellung gibt es von 1568 an zahlreiche Belege. Nach 1623 wurde die Burg nicht mehr von einem Wappenschild umrahmt in das Flaggentuch gesetzt, sondern unmittelbar, entweder rot auf weißem Grund oder weiß auf rotem Grund. Unter dem Einfluß der ausländischen Flaggenbücher und heraldischer Nachschlagewerke obsiegte 1751, als die Flaggenführung Hamburgs eines Handels- und Schiffsvertrages wegen mit Algier geregelt werden sollte, die rote Flagge mit der weißen Burg, die seitdem grundsätzlich unverändert blieb, aber immer wieder dem Zeitgeschmack angepaßt wurde.

Eine besondere Stellung im Hamburger Flaggenwesen nimmt die »Admiralitätsflagge« ein. Durch einen Rats- und Bürgerbeschluß wurde 1623 in Hamburg das Admiralitäts-Collegium gegründet, dem ein Bürgermeister, vier Ratsherren, sechs Kaufleute und zwei »Schiffer« (Kapitäne) angehörten.

»Die Admiralität«, wie das Collegium kurz genannt wurde, war für alle hamburgischen Schiffahrts- und Hafenangelegenheiten zuständig. So überwachte sie das Lotsenwesen auf der Unterelbe, sorgte für die Fahrwassermarkierungen im Strom, übernahm die Sicherung der Kauffahrteischiffe gegen Seeräuber und wies innerhalb der Befestigungen den Schiffen die Liegeplätze an. Seit 1642 besaß die Admiralität ein eigenes Wappen und eine eigene Flagge: den blauen Anker mit Ankerstock, belegt mit der weißen Hamburger Burg.

Heute wird die Admiralitätsflagge auf allen Wasserfahrzeugen der Freien und Hansestadt Hamburg als Dienstflagge in Form einer Bugflagge (oft aus Metall), und auf allen staatlichen Dienstgebäuden gesetzt, die der Hafen- und Schiffsverwaltung dienen.

Hessen

Fläche: 21 114 km^2
Einwohner: 6 Mill.
Hauptstadt: Wiesbaden
Geographie: Hessen ist nicht nur eines der waldreichsten deutschen Länder, sondern besitzt auch eines der geologisch abwechslungsreichsten Reliefs. Viele Senken, Talzüge, Hügel- und Bergländer (Rhön, Taunus, Odenwald, Spessart) drängen sich zwischen Fulda und Lahn, Eder und Main auf engstem Raum. Mit dem Großraum Frankfurt am Main verfügt das Land über eines der Wirtschaftszentren Europas.
Gründung: Am 19. September 1945 wurden die Hauptteile der preußischen Provinzen Nassau und Kurhessen auf eigenen Wunsch durch Proklamation der amerikanischen Militärregierung mit den rechtsrheinischen Teilen des Volksstaates Hessen zu Großhessen vereinigt. Großhessen ist am 1. Dezember 1946 in »Land Hessen« umbenannt worden, das seit 1949 ein Bundesland der Bundesrepublik Deutschland ist.

Hoheitszeichen

Die grundlegenden gesetzlichen Regelungen zum **Landeswappen** datieren von 1948 und 1949.

Das Landeswappen zeigt im blauen Schild einen neunmal von Silber (Weiß) und Rot geteilten steigenden rotbezungten und gold (gelb) bewehrten Löwen. Auf dem Schild ruht ein Gewinde aus goldenem (gelbem) Laubwerk mit von blauen Perlen gebildeten Früchten.

Als Hessen-Emblem für jedermann wurde 1981 das »Hessenzeichen« geschaffen. Es besteht in seinen Umrissen aus der leicht abgewandelten und stilisierten Wappenfigur des Landes, dem Löwen. Es kann in zwei farblich verschiedenen Ausführungen verwendet werden, und zwar entsprechend den Landesfarben entweder ganz in Weiß oder ganz in Rot. Eine besondere Genehmigung zu seiner Benutzung ist nicht erforderlich.

Die Grafen von Gudensberg, benannt nach der gleichnamigen Burg zwischen Fritzlar und Kassel, regierten im frühen 12. Jahrhundert als Grafen von Hessen, standen jedoch in einem Lehnsverhältnis zu den Erzbischöfen von Mainz, welche sich in jener Epoche immer mehr hessische Territorien aneigneten. Die Lehnsfahne der Gudensberger Grafen zeigt bereits jene rot-weiße Streifung, die für die heraldischen und vexillologischen Symbole Hessens bis heute ein bestimmendes Charakteristikum blieb. Die rot-weiße Farbgebung bezieht sich auf das Wappen des Mainzer Domkapitels: silbernes (weißes) Rad in rotem Feld.

Der Löwe, das Wappensymbol Hessens, ist allerdings thüringischen Ursprungs. Hessen war nämlich bis 1247 lediglich der westliche Teil der Landgrafschaft Thüringen, regiert von dem Geschlecht der Ludowinger (seit 1122 bzw. 1130). Wie die Siegel seit 1200 beweisen, führten bereits jene Thüringer Landgrafen einen steigenden Löwen im Schild. 1247 starben die ludowingischen Landgrafen von Thüringen im Mannesstamm aus.

Einer jungen Frau gelang es, Hessen von Thüringen zu lösen: Die 24jährige Herzogin von Brabant, Tochter der Hl.

Hessenzeichen

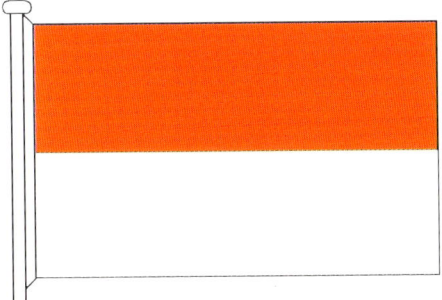

Landesflagge

Landesdienstflagge

Kleines Landessiegel

Großes Landessiegel

Elisabeth und des Thüringer Landgrafen Ludwig IV., proklamierte 1248 in Marburg ihren vierjährigen Sohn Heinrich, das
»Kind von Brabant« genannt, zum Herren von Hessen. Als
Heinrich I. wurde er der Stammvater des Hauses Hessen und
der erste Landgraf der in diesem Jahr gegründeten, territorial
selbständigen Landgrafschaft Hessen. Mit ihm, 1292 in den
Fürstenstand erhoben, wurde das Landgrafenhaus eindeutig
zur weltlichen hessischen Führungsmacht vor allen anderen
hessischen Grafengeschlechtern.

Zurück zum Löwenbild. Während siegelmäßig die Krone
und die typische Streifung des Wappentieres anfänglich nicht
bezeugt sind, haben die neuen Herren aus Thüringen die rot-
weißen mainzischen Farben in ihre Wappen übernommen,
auch eine Referenz dessen, daß die Landgrafen von Thüringen
als Erzmarschälle der Erzbischöfe von Mainz fungierten. Hiervon kündet uns – ein seltener heraldischer Glücksfall – der
überlieferte Totenschild des Landgrafen Konrad (gest. 1240),
welcher in der Marburger Elisabethkirche aufbewahrt ist. Der
Schild zeigt jenes Wappenbild, von dem schon um 1200 der
Minnesänger Herbort von Fritzlar diese Verse reimte:

*»Do sach er . . ./ oben von der mure/ einen schildt von lasure/ dar
inne einen lewen glitzen/ von roten und von wizzen.«*

(»Da sah er . . ./ oben von der Mauer/einen Schild von blauer Farbe/ darinnen einen Löwen gleißen/von roten und von weißen Streifen.«)

Die Löwenstreifung begann demnach ursprünglich wohl mit rot. 1247 starb das thüringisch-hessische Grafenhaus aus, Thüringen und Hessen wurden wieder getrennt. Beide Territorien führten danach den mehrfach rot-weiß geteilten Löwen weiter, dazu auch dieselbe Helmzier; sicher als Zeichen des Anspruches beider Herrscher auf die ganze, ungeteilte Landgrafschaft. Konrad von Würzburg (gest. 1287) beschreibt uns diese Helmzier wie folgt:

»Sin helm was mit zwen hornen/ gezieret wol in fürsten wis/ diu luhten beide silbergris/ und heten schone sich gebogen.«
(»Sein Helm war mit zwei Hörnern/ wohl geziert in Fürstenweise/ die leuchteten beide silbergrau/ und hatten sich schön gebogen.«)

An den Hörnern, so der Minnesänger weiter, waren goldene »Lindenstäbe« angebracht, deren Blätter sich im Wind klingend bewegten. Im Bilde begegnen wir dieser Helmzier erstmals 1269 auf dem Siegel Heinrichs, des ersten Landgrafen von Hessen. Auch von ihm ist ein Originalschild erhalten, der dem des Konrad gleicht.

Seit jener Zeit ist der Löwe auch gekrönt. Im 15. Jahrhundert gewöhnte man sich zudem an, ihn weiß-rot (statt wie bisher rot-weiß) zu teilen. In den hessischen Wappen wechselte die Zahl der Teilungslinien auf dem Löwen lange Zeit und auch in den neueren Wappen Preußens und der sächsischen Staaten war sie verschieden, obwohl sich für Hessen die neunmalige Teilung weitestgehend durchgesetzt hatte. Erst im 19. und 20. Jahrhundert ist die Zahl der Teilungen amtlich festgelegt worden.

Im Zeichen dieses Löwen ging die hessische Geschichte vor sich· vom landgräflichen Wappen wurde er zum Landeswappen. Beide Hessen (Hessen-Kassel und Hessen-Darmstadt) führten ihn nach der unglückseligen Landesteilung von 1568 weiter, die sie im Dreißigjährigen Krieg auf die verschiedenen Seiten führen sollte: ein Bruderkrieg unter Fahnen mit dem hessischen Löwen. Das nachmalige (seit 1806) Großherzogtum Hessen-Darmstadt gab seinem Löwen 1808 ein Schwert in die Pranken. Es sollte symbolisch den im Mittelalter für die Landgrafen gebrauchten Ehrentitel »Vorfechter zwischen Rhein und Weser« bezeichnen.

Der Löwe des 1803 von der Landgrafschaft zum Kurfürstentum erhobenen Territoriums von Hessen-Kassel führte nach der preußischen Einverleibung von 1866 nur noch ein Schattendasein im »Großen Wappen« des Königsreichs Preußen.

Der Volksstaat Hessen nahm 1920 den Löwen ohne Krone und Schwert als Wappenschild an. Das heutige Wappen Hessens hält sich mit nur unwesentlichen Vereinfachungen an dasjenige des Volksstaats, vermeidet in der Wappenbeschreibung jedoch den Ausdruck »Volkskrone«, spricht vielmehr von »Laubwerk«.

Die hessische rot-weiße **Landesflagge** ist von den entsprechenden Farben des Wappenlöwen abgeleitet. Von einer hessischen Flagge kann erst die Rede sein, seit sich die Rheinuferstaaten zu Schiffahrts-Abmachungen zusammentaten. Das war erstmals nach der französischen Herrschaft über weite Teile Deutschlands nach den erfolgreichen Befreiungskriegen Anfang des 19. Jahrhunderts der Fall.

Die damals für die Schiffer und Flößer des Großherzogtums Hessen zur Führung auf ihren Handelsschiffen und Flößen vorgeschriebene Flagge war rot-weiß-rot; im weißen Streifen war der großherzogliche Wappenschild wiedergegeben.

Mecklenburg-Vorpommern

Fläche: 23 600 km^2
Einwohner: 1,87 Mill.
Hauptstadt: Schwerin
Geographie: Mecklenburg und Vorpommern gehören zu den landschaftlich abwechlungsreichsten Regionen im Norden der Bundesrepublik. An der Ostsee wechseln Steil- und Flachküstenabschnitte miteinander ab. Vorpommern ist der kleinere Teil Pommerns westlich der Odermündung. Vorgelagert ist Deutschlands größte Insel, Rügen, mit ihren berühmten Kreidefelsen. Sich von Nordwesten nach Südosten erstreckend schließt sich im Süden der Baltische Höhenrücken mit der reizvollen Mecklenburgischen Seenplatte an.
Gründung: Wie alle neuen Bundesländer ist auch Mecklenburg-Vorpommern mit Inkrafttreten des Einigungsvertrages vom 3. Oktober 1990 integraler Bestandteil der Bundesrepublik Deutschland. Noch am 22. Juli 1990 hatte die DDR-Volkskammer das »Verfassungsgesetz zur Bildung von Ländern in der Deutschen Demokratischen Republik« (Ländereinführungsgesetz) beschlossen, das am 14. Oktober 1990 Wirksamkeit erlan-

gen sollte. Doch noch ehe ein Bundesstaat DDR entstehen konnte, war der Vereinigungsprozeß zum Abschluß gekommen.

Hoheitszeichen

Als einziges der neuen Bundesländer verfügt Mecklenburg-Vorpommern über ein »Großes« und ein »Kleines **Landeswappen**«. Die entsprechende Grundlage für die Landessymbole bildet das Hoheitszeichengesetz von 1991.

Das »Große Landeswappen« zeigt einen gevierten Schild. Im ersten und vierten Quartier befindet sich der schwarze mecklenburgische Stierkopf auf Gold (Gelb), im zweiten Quartier der rote pommersche Greif im silbernen (weißen) Feld, während das dritte Quartier der rote brandenburgische Adler auf silbernem (weißem) Grund einnimmt.

Das »Kleine Landeswappen« ist von Gold (Gelb) und Silber (Weiß) gespalten, vorne das Mecklenburger Wappenbild, der Stierkopf, hinten das pommersche Wappenbild, den Greifen, abbildend.

»De Mecklebörger leit't nich slapen, sei setten den Kopp in't Lanneswappen, von Herrn Pastor sin Kou. De Seel, de steig den Hewen tou, denn't wör jo ne Pastorenkou.«

So heißt es in einem originellen alten Volkslied in Mecklenburger Platt, der niederdeutschen Mundart jener Region. Natürlich hat das Mecklenburger Wappentier mit Halsfell und ausgeschlagener Zunge nichts mit irgendeiner Kuh irgendeines Geistlichen zu tun.

Das Herzogtum Mecklenburg bildete sich im 12. Jahrhundert aus dem slawischen Stammesgebiet der Obotriten heraus. Sein Wappenbild war ein gekrönter schwarzer Stierkopf auf goldenem Grund. Die mecklenburgischen Fürsten führten allerdings zuerst einen Greifen im Siegelbild. Das früheste Auftreten des Stierkopfes als heraldisches Symbol erfolgte auf den sogenannten Stierkopfbrakteaten, Münzen, die ab etwa 1200 geprägt

Landesflagge

Landesdienstflagge

Standarte

Kleines Landeswappen

Großes Landessiegel

Landessiegel

Kleines Landessiegel
für Mecklenburg

Kleines Landessiegel
für Vorpommern

wurden. Als Siegel und »ordentliches Wappen« verwendete das Bild als erster Fürst Nikolaus von Mecklenburg (1219–1255).

Die moderne Sprache versteht unter einem Ochsen ein kastriertes männliches Rind. Eine solche Figur war natürlich als Wappenbild ungeeignet – von einer Kuh gar nicht zu reden. Das Wappenbild sollte ja schließlich für Gefährlichkeit und nicht für Harmlosigkeit stehen, so wie es die Fürsten der Obotriten zweifellos verstanden wissen wollten, als sie den Tierkopf als ihr sphragistisches (siegelkundliches) und heraldisches Signum erkoren.

Man hat sich dann damit aus der bovilogischen Zwickmühle zu befreien versucht, indem man dem Ochsen einen Ring durch die Nase zog, um ihn wieder furchterregender erscheinen zu lassen. Im 19. Jahrhundert wob man um diesen Vorgang die Legende, daß der Ochse das Heidentum symbolisiere und der Ring dessen Überwindung. Doch diese Deutung gehört sicherlich ins Sagenhafte. Ein Sinnzeichen des Heidentums wäre niemals in das Wappen eines christlichen Herrschers aufgenommen worden, war doch die Christianisierung der westslawischen Völker (deutscher Sammelname: »Wenden«) im heutigen Mecklenburg bei der Herausbildung des Wappenwesens (erste Hälfte des 12. Jh.) bereits weitgehend abgeschlossen.

Obwohl der Ochse mit Nasenring lange Zeit geführt wurde, empfand man schließlich die Unmöglichkeit auch dieses Bildes. Daher nahm man dem Tier im 19. Jahrhundert wieder den Ring, vermied aber jede Benennung und bezeichnete das Wappensignum in Schwerin »Stier«, in Strelitz »Büffel«. Das gehörte mit zu den feinen Unterschieden zwischen den beiden Mecklenburgs. Historischer Hintergrund: Seit 1701 war Mecklenburg zweigeteilt, in die Herzogtümer (ab 1815 Großherzogtümer) Mecklenburg-Schwerin und Mecklenburg-Strelitz. Diese Teilung hatte über den Ersten Weltkrieg hinaus Bestand, bis 1934 ein einheitliches Land Mecklenburg entstand, das aber während der NS-Herrschaft – wie alle deutschen Länder – seiner Eigenstaatlichkeit weitestgehend beraubt war.

Tatsächlich jedoch ist der »Ochse« nicht nur die historisch überlieferte Bezeichnung, sondern auch die einzig zutreffende.

Die Rede ist nämlich vom Auerochsen (Ur), das 1627 ausge-
storbene europäische Wildrind. Entsprechende prähistorische
Knochenfunde sind zur Genüge aus Mecklenburg zu vermel-
den. Adler, Löwen und Greifen waren als Wappentiere sei-
nerzeit schon weit verbreitet. Da nahmen die obotritischen
Fürsten doch lieber ein »handfestes«, einheimisches Tier als
»Volkssymbol« an, ein Tier, das möglicherweise in jenen
Tagen bei ihnen noch in freier Wildbahn vorkam. Die gekrönte
Version des Ochsen ist seit 1219 bekannt.

Der Greif in den Wappen des Bundeslandes steht für seinen
vorpommerschen Teil. Dieses Gebiet wuchs aus dem Fürstentum Rügen mit seinen festländischen Regionen, das sich im
12. Jahrhundert aus dem slawischen Stammesverband der
Ranen entwickelt hatte, und dem Areal der Wilzen, später
Lutizen genannt, das 1128 von den pommerschen Fürsten
erobert worden war, zusammen. Nach dem Aussterben der
Rügenfürsten 1325 fiel das Fürstentum Rügen an die Herzöge
von Pommern.

Das Wappentier der pommerschen Herzöge war der Greif.
Erste Zeugnisse stammen aus der Zeit um 1200. Nach ihrem
Wappentier bezeichneten sich die pommerschen Herzöge auch
als das »Greifengeschlecht«. Nähere Angaben zum pommer-
schen Wappen entnehme der Leser bitte dem Artikel über die
Wappen der historischen ostdeutschen Provinzen (S. 201).

Im »Großen Landeswappen« finden wir neben den beiden
Stierköpfen – erinnernd an die ehemaligen beiden mecklenburgischen Herzogtümer – und dem pommerschen Greifen auch
noch den roten brandenburgischen Adler. Er verweist auf die
schicksalshafte Verbindung von Pommern mit Brandenburg.
Brandenburg hatte schon im beginnenden 13. Jahrhundert eine
Oberherrschaft über angrenzende pommersche Territorien
gewinnen wollen. Für das Herzogtum Pommern bedeutete
dies stets ein Manövrieren zwischen brandenburgischer
Lehnsabhängigkeit und Reichsunmittelbarkeit.

Seit dem Grimnitzer Vertrag von 1529 gestanden die pommerschen Herzöge Georg und Barnim den brandenburgischen
Markgrafen den Erbanfall des Landes für den Fall zu, daß das
pommersche Herrscherhaus im männlichen Gliede aussterben

sollte. Als dies während des Dreißigjährigen Krieges mit dem Tod Bogislav XIV. eintrat, erhoben zwar auch andere, die durch verwandtschaftliche Bindungen erbberechtigt erschienen, ihre Ansprüche. Doch mit der Besetzung Pommerns durch Schweden seit der Landung Gustav Wasas auf Usedom dominierte die Machtpolitik.

Auch der Frieden von Münster und Osnabrück 1648 ergab durch die Teilung Pommerns in Hinterpommern, das durch Brandenburg-Preußen besetzt war, und in Vorpommern, das durch die Schweden gehalten wurde, nur die Festschreibung des Status quo. Die Blickrichtung nach Norden wurde in preußischer Provinzialzeit (seit 1815) verstärkt. Brandenburg-Preußen erhielt mit dem Frieden von Stockholm 1720 Südvorpommern ab der Peene mit Stettin. Stettin, und als Vorhafen Swinemünde, wurde im 18. Jahrhundert als Tor Brandenburgs zur See ausgebaut. Von 1815 bis zum Ende des Zweiten Weltkrieges bildete ganz Pommern dann eine Verwaltungseinheit im preußischen Staat.

Die drei Farben der **Landesflagge** Mecklenburg-Vorpommerns kombinieren die mecklenburgischen Flaggenfarben mit den pommerschen Landesfarben sowie den Farben der Hanse (Weiß-Rot). Die vexillologische Umsetzung ist jedoch unglücklich gelungen, denn der schmale gelbe Streifen im weißen Feld ist schon auf geringere Entfernungen kaum auszumachen, so daß die Flagge sehr leicht mit der schleswig-holsteinischen zu verwechseln ist (Blau-Weiß-Rot). Bei der Gestaltung dieser Flagge wurde gegen das vexillologische Haupterfordernis verstoßen: Klarheit und Unverwechselbarkeit. Eine eindeutigere Anordnung der drei Farben wäre sicherlich möglich gewesen. Mecklenburg besaß seit dem 17. Jahrhundert zwei verschiedene Flaggen: die Flagge zur See war blau-weiß-rot gestreift, die Flagge zu Lande blau-gelb-rot.

Die pommerschen Landesfarben Blau-Weiß sind dem Uniformkolorit der Landstände und der Landwehr zu Anfang des 19. Jahrhunderts entlehnt und wurden 1882 als Provinzialfarben festgesetzt.

Niedersachsen

Fläche: 47 364 km^2
Einwohner: 7,6 Mill.
Hauptstadt: Hannover
Geographie: Der niedersächsische Landschaftsbogen spannt sich weit und verschiedenartig von den ostfriesischen Dünen-inseln und fruchtbaren Marschebenen über Niederungs- und Hochmoorgebiete sowie den sandigen Geestböden der Lüne-burger Heide bis hin zu den südlichen Berg- und Hügellän-dern, die im Harz ihre höchsten Erhebungen finden.
Gründung: Wiewohl der Landschaftsbegriff »Niedersachsen« spätestens seit dem 14. Jahrhundert belegt ist, entstand eine politische Territorialeinheit unter diesem Namen erst nach dem Zweiten Weltkrieg unter britischer Besatzung, gebildet aus den Ländern Braunschweig, Oldenburg, Schaumburg-Lippe und Hannover (1. November 1946), dem kurz darauf noch Teile des Landgebietes Bremen zugeschlagen wurden. Seit 1949 ist das Land Niedersachsen ein Teil der Bundesrepu-blik Deutschland.

Hoheitszeichen

Das Gesetz über Wappen, Flaggen und Siegel von 1952 bildet die rechtliche Grundlage zu den niedersächsischen Hoheitssymbolen.

Das **Landeswappen** zeigt im roten Schild ein springendes weißes Pferd. Da die Verwendung des Landeswappens ausschließlich den staatlichen Stellen vorbehalten ist, wurde einem wiederholt geäußerten Wunsch folgend im Mai 1990 ein »Niedersachsen-Symbol« eingeführt, das frei verwendet werden darf. Das Niedersachsen-Symbol stellt ein dem Wappentier nachempfundenes Pferd in einer Scheibe mit rotem oder schwarzem Hintergrund dar.

Im Dezember 1990 ließ die Landesregierung ein neues Emblem kreieren: das »Niedersachsen-Logo«. Es zeigt einen stark stilisierten Pferdekopf in Verbindung mit dem Schriftzug »Niedersachsen«. Seine farbliche Hauptform ist rot (Pferdekopf) und schwarz (Schriftzug). Alle Landesbehörden benutzen das Niedersachsen-Logo als »Erkennungsmarke«. Seine Verwendung durch niedersächsische Unternehmen, Institutionen und Initiativen ist ausdrücklich erwünscht, jedoch nur mit Genehmigung der Landesregierung.

Das Niedersachsenroß ist ein uraltes Volkssymbol. Anders als die meisten anderen deutschen Länderwappen ist es als Wappenbild nicht dynastischen Ursprungs. Trotz der territorialen Zersplitterung nach dem Sturz Heinrichs des Löwen 1180 war in Niedersachsen das Andenken an das alte Stammesherzogtum Sachsen, das ganz Norddeutschland und Teile von Mitteldeutschland umfaßt hatte, nicht untergegangen. Man glaubte damals allgemein, das Wappen des alten Herzogtums sei das weiße Roß im roten Schild gewesen. Die alten Sachsen hatten aber nie ein Wappen besessen, ganz einfach deshalb nicht, weil das Wappenwesen zu ihrer Zeit noch nicht bestand.

Sachsenherzog Heinrich der Löwe führte als »redende Figur« sein Namenstier im Wappen und siegelte auch nach dem Verlust des Herzogtums damit weiter. Der Braunschwei-

Landesflagge

Landesdienstflagge als Doppelstander für
Fahrzeuge zur See und auf Binnengewässern

Flagge des ehemaligen Landes Hannover

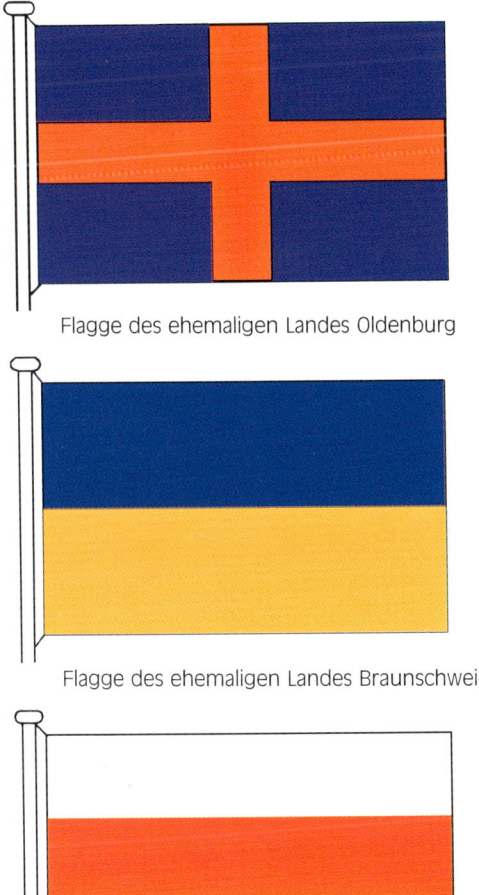

Flagge des ehemaligen Landes Oldenburg

Flagge des ehemaligen Landes Braunschweig

Flagge des ehemaligen Landes Schaumburg

Großes Landessiegel

Siegel der überkommenen heimat-
gebundenen Einrichtungen mit dem Sitz

Kleines
Landessiegel

im ehemaligen
Lande Oldenburg

im ehemaligen
Lande Braunschweig

ger Burglöwe als Zeichen seiner Macht ist weltbekannt. Die
Löwenwappen seiner Nachkommen, der Welfenlinien Braunschweig und Lüneburg, haben indes mit diesem Welfenlöwen
nichts zu tun. Sie sind vielmehr vom englischen und dänischen Wappen abgeleitet. Angesichts ihrer unsicheren Stellung im 13. Jahrhundert hielten es die Welfen vermutlich für

angebracht, auf ihre enge Verwandtschaft mit diesen ausländischen Königshäusern hinzuweisen.

Um die Mitte des 14. Jahrhunderts tauchte dagegen bei den Braunschweigern ein neues Wappentier auf – das Pferd. Es war dies jenes alte Zeichen der sächsischen Landschaft, welches auf die sagenhaften Sachsenhäuptlinge Hengist (»Hengst«) und Horsa (»Stute«) zurückgeführt wurde. Widukind, der Gegenspieler Karls des Großen, zeigte – so jedenfalls die Volksmeinung im 15. Jahrhundert – ein schwarzes Roß, das nach seiner Bekehrung zum Christentum in ein weißes gewandelt wurde. Möglicherweise bildete jedoch ein weißes Pferd auf rotem Tuch seit alters her die sächsische Heerfahne.

Es war der Welfenherzog Albrecht II. von Braunschweig-Grubenhagen, der damals mit der Familientradition brach, Löwen bzw. Leoparden im Siegel zu führen. Er setzte erstmals 1361 als Siegelbild ein heraldisch nach rechts schreitendes Pferd ein. Seinem Beispiel folgten sehr bald andere Angehörige der in mehrere Linien aufgesplitterten Welfenfamilie und bedienten sich auch des Rosses in ihrer Helmzier über den traditionellen Löwen und Leoparden: So bei den Braunschweig-Göttingern, und diese Lösung setzte sich (in Kombination mit den älteren Siegeln) durch – auch im Welfenstaat Hannover, der sich seit 1635 aus dem Braunschweig-Lüneburgischen Territorium bildete.

Wir finden das Roß jetzt, auch im Schild, zunehmend auf hannoverschen Münzen und Behördensiegeln, bis es 1880 offiziell zur alleinigen Schildfigur der preußischen Provinz Hannover wurde. Das Herzogtum Braunschweig führte es so schon im kleinen Staatswappen, das man 1922 (ohne die Krone) als Wappen des Braunschweiger Freistaates übernahm. Diese Tradition führte nach dem Zweiten Weltkrieg das neue Land Niedersachsen fort.

Doch kehren wir noch einmal ins Mittelalter zurück. Der Grund für den seinerzeitigen Wappenwechsel vom Löwen zum Pferd war wohl ein politischer. Die Herzöge von Braunschweig wollten auf diese Weise ihre besondere Stellung im Bereich des alten Herzogtums Sachsen gegenüber Kaiser Karl IV. deutlich machen, nachdem dieser 1356 im Reichsgrundge-

Siegel der Körperschaften, Anstalten und Stiftungen des öffentlichen Rechts

mit dem
Landeswappen

mit dem Wappen
des ehemaligen
Landes Oldenburg

mit dem Wappen
des ehemaligen
Landes
Braunschweig

Niedersachsen-
Symbol

Niedersachsen-Logo

setz der »Goldenen Bulle« die Wittenberger Askanier mit der Kurwürde für Sachsen ausgezeichnet hatte.

Von 1379/80 datiert der älteste farbige Nachweis des Sachsenroßwappens. Er ist im niederrheinischen Wappenbuch »Von den Ersten« enthalten und als »das alte Wappen von Braunschweig« bezeichnet, da Braunschweig als Hauptort der Welfen galt und die welfischen Lande zuweilen ebenfalls »Braunschweig« genannt wurden. Die Annahme des Sachsenroßwappens durch die Welfen steigerte dessen Bekanntheit und Popularität ebenso wie vielgelesene Chroniken, zum Beispiel die Sachsenchronik des Braunschweigers Konrad Bote. Zahlreiche Erläuterungen, Sagen und Legenden rankten sich um das niedersächsische Sinnbild, die jedoch wissenschaftlich nicht fundiert sind.

Die niedersächsische **Landesflagge** zeigt in der Mitte eines schwarz-rot-gold (gelb) geteilten Tuches das Landeswappen. Anders als das Wappen entfachte die Frage der Flaggengestaltung im jungen Land Niedersachsen heftige Debatten. Die überkommenen Landesfarben des ehemaligen Königreiches und der späteren preußischen Provinz Hannover, Gelb-Weiß, schienen nicht geeignet, die neuen Landesfarben zu werden. Auch die Bestrebungen des damaligen Ministerpräsidenten Hinrich Wilhelm Kopf, die 1946 aus dem hannoverschen Provinzwappen abgeleitete und von ihm geführte rote Flagge mit dem weißen Pferd zur niedersächsischen Landesflagge zu erklären, fanden Widerspruch.

Da eine Addition aller bisherigen Länderfarben einen ästhetisch wenig befriedigenden bunten Teppich ergeben hätte, einigte man sich, wie schon häufiger in der deutschen Flaggengeschichte, schließlich auf den Kompromiß, die Bundesfarben Schwarz-Rot-Gold zu übernehmen und hier mit dem niedersächsischen Wappenschild zu belegen, wodurch man zugleich die Bundestreue Niedersachsens und den gesamtdeutschen Gedanken betonen wollte.

Vor den niedersächsischen Dienststellen, die nicht für den gesamten Bereich des Landes zuständig sind, können in den jeweiligen ehemaligen Ländern deren traditionelle Flaggen weiterhin gesetzt werden: Hannover gelb-weiß, Braunschweig blau-gelb, Schaumburg-Lippe weiß-rot-blau und Oldenburg ein rotes Kreuz in Blau.

Nordrhein-
Westfalen

Fläche: 34 100 km^2
Einwohner: 17,7 Mill.
Hauptstadt: Düsseldorf
Geographie: Die Landesnatur wird zu zwei Dritteln vom Norddeutschen Tiefland bestimmt, das mit der Kölner und der Münsterländer Bucht weit nach Süden in die Mittelgebirgszone (Rheinisches Schiefergebirge, Weserbergland) reicht, die das restliche Drittel einnimmt.
Gründung: Auch das bevölkerungsreichste Bundesland (seit 1949) ist ein Kind der Nachkriegszeit, geschaffen durch Verordnung der britischen Militärregierung vom 23. August 1946, welche aus dem nördlichen Teil der vormaligen preußischen Rheinprovinz sowie der ehemaligen preußischen Provinz

Westfalen das neue Land Nordrhein-Westfalen dekretierte; fünf Monate später wurde ihm noch das Territorium des einstigen Landes Lippe (Detmold) eingegliedert.

Hoheitszeichen

Die Gestaltung und Fuhrung der nordhrein-westfälischen Landessymbole gründen sich auf die entsprechenden Gesetze aus den Jahren 1953 und 1956.

Das **Landeswappen** zeigt im gespaltenen Schild mit unten eingepfropfter Spitze vorn im grünen Feld einen linksschrägen silbernen (weißen) Wellenbalken, hinten im roten Feld ein steigendes silbernes (weißes) Roß und unten in Silber (Weiß) eine rote Rose mit goldenen (gelben) Butzen und goldenen (gelben) Kelchblättern.

Das 1984 eingeführte »NRW-Wappenzeichen« stellt eine abgewandelte Form des Landeswappens dar. Während das Landeswappen grundsätzlich amtlichen Stellen vorbehalten ist, kann das NRW-Wappenzeichen von jedermann verwendet werden. Das NRW-Wappenzeichen kann entweder in den Landesfarben oder in Schwarz-Weiß verwendet werden.

Als staatliche Neugründung konnte das Land nicht auf ein bestehendes Hoheitszeichen zurückgreifen. Es mußte deshalb – schon allein für die praktischen Zwecke der Besiegelung – rasch zu einer akzeptablen Lösung kommen. Die Landesregierung ging daher Anfang 1947 den Weg einer öffentlichen Ausschreibung, um auch der Bevölkerung Mitwirkungsmöglichkeiten einzuräumen. Ziel war es, ein Landeswappen zu erhalten, das dem Charakter des Landes Nordrhein-Westfalen entspricht und den Anforderungen der historischen Überlieferungen und der Wappenwissenschaft gerecht wird. Unter vielen Vorschlägen fand jener besondere Beachtung, der vorsah, die drei Wappen für die Regionen Rheinland, Westfalen und Lippe zu einem neuen zu vereinen.

Der im Oktober 1947 vorgelegte Entwurf des Düsseldorfer Malers Wolfgang Pagenstecher brachte gleich die fortan gültigen Komponenten, wenn auch noch nicht die endgültige

Landesflagge

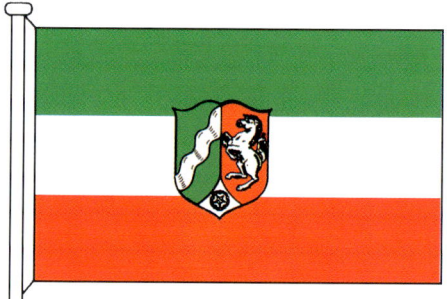

Landesdienstflagge

Großes Landessiegel

Kleines Landessiegel   NRW-Wappenzeichen

Form: Eine vom Landeskabinett eingesetzte Kommission überprüfte diesen Entwurf und nahm letztlich nur noch Änderungen formaler Art vor, die das heutige Erscheinungsbild des nordrhein-westfälischen Landeswappens bestimmen.

Jeder der drei traditionellen Landesteile Rheinland (Nordrhein), Westfalen und Lippe besaß sein eigenes historisches Wappen; dieses Bild reflektiert das Wappen des Bundeslandes Nordrhein-Westfalen.

Das jüngste Symbol ist jenes des Rheinlandes (in Grün ein silberner schräglinker Wellenbalken). Nachdem Preußen auf dem Wiener Kongreß 1815 zusätzliche Territorien am Rhein zugesprochen bekam, entstand 1817 das Großherzogtum Niederrhein. Das Wappen dieses Gebietes erhielt in Silber (Weiß) den preußischen Königsadler, der auf seiner Brust einen Schild trug, welcher in Grün einen silbernen (weißen) schrägrechten Wellenbalken (symbolisch den Rhein markierend) wiedergab. Als 1824 das Großherzogtum Niederrhein mit der Provinz Jülich-Kleve-Berg zur neuen Rheinprovinz (Verwaltungssitz Koblenz) zusammengelegt wurde, übertrug man ihr dieses Wappen.

Das Provinzialwappen wurde zunächst nur neben den Wappen der anderen Provinzen in der obersten Reihe des großen preußischen Staatswappens gezeigt. Im Jahre 1881 ist dann aber das rheinische Wappen auch zum selbständigen Wappen der Rheinprovinz bestimmt worden. Nachdem am Ende des Ersten Weltkrieges der preußische König abgedankt hatte und der Freistaat Preußen als Gliedstaat der Weimarer Republik gebildet worden war, fielen 1926 die monarchischen Attribute des bisherigen Wappens fort. Der ursprüngliche Herzschild wurde Hauptteil des Wappens, und die Zugehörigkeit der Provinz zum preußischen Staat fand in einem silbernen (weißen) Schildhaupt mit schwarzem Adler in Gestalt des auffliegenden friderizianischen Königsadlers ihren Ausdruck. Als schließlich die britische Besatzungsmacht 1945 die Provinz Nordrhein bildete, wurde für diese Neugründung nur noch der grüne Schild mit dem silbernen Wellenbalken geführt.

Was nun die Historie des roten Feldes mit dem silbernen (weißen) Westfalenroß angeht, so ist hier im wesentlichen auf den betreffenden Artikel zum Niedersachsen-Wappen zu verweisen, ist das Sachsenroß doch seinerzeit nach Westfalen »getrabt«, ein früher Beleg für seinen Beliebtheitsgrad. So verweist die westfälische Geschichtsliteratur des späten Mittelalters bereits darauf. Im Unterschied zum niedersächsischen (Braunschweiger) Pferd wurde das Wappentier in Westfalen jedoch vorzugsweise »steigend« (nicht springend) und mit aufgeschlagenem Schweif dargestellt.

Die ersten, die das Symbol in Westdeutschland verwandten, waren die Kölner Kurfürsten (Erzbischöfe), denen aus der Erbmasse Heinrichs des Löwen das Herzogtum (Süd-)Westfalen zugefallen war. Als Münzbild ist das Westfalenroß von den hohen Geistlichen erstmals 1469 bezeugt. Seit etwa 1500 fügten sie es ihrem persönlichen Wappenbild bei, und ab 1590 hatte es als Signum der Landeshoheit der Erzbischöfe seinen festen Platz im kurkölnischen Wappen. Dabei fungierte das Roß stets als »Anspruchswappen«, um die Rechte der Kölner Erzbischöfe auf die westfälischen Teile des alten Sachsenherzogtums zu untermauern.

Das Wappen des napoléonischen Königreichs Westphalen (1807–1813), dem die Landschaft Westfalen nur zum Teil angehörte, zeigte das Roß immerhin an hervorragender Stelle im ersten Feld des mehrteiligen Schildes. 1817 wird schließlich das silberne (weiße) Pferd auf rotem Grund zum Wappen für die ganze neugebildete preußische Provinz Westfalen. Wie das Rheinland-Wappen war es anfänglich jedoch nur im Großen Wappen Preußens vertreten, doch auch hier an erster Stelle der obersten Wappenreihe. Im später geschaffenen preußischen Provinzwappen für Westfalen (1881) stand das Roß schließlich allein – ein Zugeständnis an die Tradition.

Das älteste Bild im nordrhein-westfälischen Landeswappen ist das kleinste: die Lippische Rose. Eine rote Rose im silbernen (weißen) Feld ist das Herzstück des Lippischen Wappens. Sie ist bereits seit 1193 von Abbildungen auf Münzen und Siegeln Bernhard II. (1167–1196), Edler Herr zu Lippe, bekannt. Das Rosenbild symbolisiert wohl die Liebe zur Muttergottes. Bevor er das Erbe seines Bruders antrat, war Bernhard Geistlicher. Bekannt ist das Rosenwappen auf dem Siegel von Bernhards Sohn, Hermann II. Die Rose erscheint hier ohne Kelchblätter, die eine spätere, aber übliche Zutat ist. Auf dem Wienhausener Tristan-Teppich vom Anfang des 14. Jahrhunderts finden wir erstmals das Wappen farbig abgebildet.

Das Bild der Rose blieb als Herzschild des Wappens auch unverändert, als die Edelherren zu Grafen mit Sitz und Stimme auf den Reichstagen im Rahmen des westfälischen Grafenkollegiums aufstiegen (1528), weiter als sie 1789 zu Reichsfürsten erhoben wurden und als Lippe mit dem Eintritt in den Reichsbund ein selbständiges Fürstentum wurde und dies später auch im Deutschen Bund und im Deutschen Kaiserreich blieb. In der Weimarer Republik war dann das Lippische Stammwappen allein das Landeswappen.

Die grün-weiß-rot gestreifte **Landesflagge** Nordrhein-Westfalens stellt eine Kombination der Provinzialfarben des Rheinlandes (Grün-Weiß) und Westfalens (Weiß-Rot) dar, wie sie durch preußischen Kabinettsbeschluß 1882 festgelegt wurden. Beide Farbenpaare sind aus den betreffenden Wappen abgeleitet worden.

Rheinland-Pfalz

Fläche: 19 800 km^2
Einwohner: 3,9 Mill.
Hauptstadt: Mainz
Geographie: Naturräumlich gesehen ist Rheinland-Pfalz zum größten Teil ein Berg- und Hügelland, wobei das Rheinische Schiefergebirge (u. a. Eifel, Westerwald, Hunsrück) die ganze nördliche Hälfte des Territoriums einnimmt. Der Süden wird weitgehend durch den Pfälzer Wald und das nördliche Oberrheinische Tiefland geprägt.
Gründung: Am 30. August 1946 wurde durch Verordnung Nr. 57 des damaligen französischen Zonenbefehlshabers Pierre Koenig die Schaffung eines »rheinpfälzischen Landes« verfügt. Dies war die Geburtsstunde des heutigen Bundeslandes Rheinland-Pfalz. Territorial setzte es sich zusammen aus der linksrheinischen vormaligen Pfalz Bayerns, des linksrheinischen Rheinhessens (Hessen-Darmstadt) sowie Teilen der einstigen preußischen Provinzen des Rheinlandes und Hessen-Nassaus.

Hoheitszeichen

Das Wappen- und Flaggengesetz der Nachkriegszeit gilt in der heutigen Fassung von 1972.

Das **Landeswappen** ist durch eine aufsteigende eingebogene Spitze gespalten und zeigt rechts in silbernem (weißem) Feld ein rotes durchgehendes Kreuz, links im roten Feld ein silbernes (weißes) sechsspeichiges Rad und in der aufsteigenden schwarzen Spitze einen rotgekrönten und -bewehrten goldenen (gelben) Löwen. Das Wappen ist von einer goldenen (gelben) Volkskrone überhöht.

Das »Rheinland-Pfalz-Wappenzeichen« zeigt das modifizierte Landeswappen in den Farbstreifen schwarz-rot-gold, die von einem ovalen, oben schrägoffenen Kreis umgeben sind. Es wurde als Symbol der Verbundenheit mit dem Land Rheinland-Pfalz 1989 geschaffen und durch Rundschreiben der Staatskanzlei zur Verwendung durch jedermann freigegeben. Es kann entweder in den Landesfarben (Schwarz-Rot-Gold) oder in Schwarz-Weiß verwendet werden.

Der rheinland-pfälzische Schild mit den Wappenbildern dreier bedeutender mittelalterlicher Kurstaaten (Trierer Kreuz, Mainzer Rad und Pfälzer Löwe) signalisiert die Tradition von historischen deutschen Kernlandschaften, die von der Römerzeit über das Mittelalter, die Reformation und Aufklärung bis zum Ende des Alten Reiches in den Stürmen der Französischen Revolution Zeugnisse einer abwechslungsreichen, dynamischen, oft aber auch unheilvollen und kriegerischen Entwicklung hinterlassen haben und ein Stück Zusammenhalt in einem gesamtrheinischen Bewußtsein widerspiegeln.

Das rote Kreuz in Silber (Weiß) war das Wappen des Erzbistums und Kurfürstentums Trier. Die Wahl eines Kreuzes zum Sinnbild erklärt sich bei einem geistlichen Staatswesen von selbst, wie denn auch mehrere andere deutsche Bistümer Kreuzwappen in unterschiedlichen Farben führten. Die Farbzusammenstellung Rot-Weiß ist dabei als die ursprüngliche und vielleicht älteste anzusehen, da die Aufgebote der geistlichen Fürsten zum Reichsheer unter rot-weißen Fahnen ins

Feld zogen. So sind z. B. die zahlreichen Darstellungen des kurtrierischen Kreuzwappens (auch in Bannerform) im »Codex Balduini« bemerkenswert, der den Italienzug Kaiser Heinrichs VII. 1310/13 in Wort und Bild schildert. Da Erzbischof Balduin von Luxemburg (1307–1354), ein Bruder des Kaisers, an dem Zug teilnahm, wurde das trierische Kreuz damals weit über sein Ursprungsgebiet, ja über Deutschland hinaus, bekannt. Auch als Schiffsflagge auf Mosel und Rhein ist es vom 14. bis 16. Jahrhundert bezeugt.

Das hochstiftische trierische Kreuzwappen tritt uns zuerst 1273 im Rücksiegel des Erzbischofs Heinrich II. von Vinzingen entgegen und repräsentierte den Kurstaat bis zur Säkularisation 1803. Daß das Emblem aber wohl älteren Datums ist als dieser früheste bildliche Nachweis, erhellt sich aus der Tatsache, daß es bereits um 1275 in einem französischen Wappenbuch, dem »Armorial Wijnbergen«, erwähnt wird.

Das silberne bzw. weiße Rad im roten Feld war das Wappen des Mainzer Kurstaates. Das Kurmainzer (sechsspeichige) Rad ist – als Doppelrad – zuerst auf Münzen des Erzbischofs Siegfried III. von Eppstein (1230–1249) und auf der kurmainzischen Fahne in der Zürcher Wappenrolle (um 1335) zu sehen. Das erzbischöfliche Geheimsiegel zeigt 1264 ein achtspeichiges Rad freistehend. Farbig finden wir es ebenfalls zuerst im Wappenbuch von Wijnbergen.

Auch die Abbildung mit zwei durch einen Kreuzbalken verbundenen Rädern ist frühzeitig nachweisbar. In dieser Form bietet sich noch heute das Wappen der Landeshauptstadt Mainz dar, in derem Siegel dieses als Wagengestell deutbare Sinnbild bereits 1329 erscheint. Dementsprechend werden die Mainzer Erzbischöfe des 11. und 12. Jahrhunderts als »Currum Dei« bzw. »Currum Ecclesiae Moguntiae Aurigantes« (Lenker des Gotteswagens bzw. des Wagens der Mainzer Kirche) bezeichnet.

So bringt eine volkstümliche Sage die Herkunft des Wappenbildes denn auch mit dem Erzbischof Willegis (975–1001) in Verbindung. Dieser war angeblich der Sohn eines Radmachers, dem seine Gegner Räder an die Tür seines Gotteshauses gemalt und ihn mit dem Spruch »*Willegis, denk, woher du kommen bist!*« geschmäht hatten.

Landesflagge

Großes Landessiegel

Kleines Landessiegel

Wappenzeichen

Andere Deutungsversuche leiten es vom Christusmono-
gramm (PX, dem griechischen Chi-Rho) ab, oder wollen es auf
keltische und germanische Sonnensymbole zurückführen.
Wahrscheinlicher ist, daß das Rad ein Attribut des Hl. Martin
ist, des Patrons des Erzstiftes, oder Symbol für Evangelium
und Kirche in Anlehnung an das in der Vision des Propheten
Ezechiel erscheinenden Bildes des schon erwähnten Gotteswagens.

Im Zuge der Heraldisierung blieb ein einzelnes Rad als
Wappenbild des Erzstifts übrig. Es findet sich seit mindestens
1286/88 (thüringisches Landfriedenssiegel des Erzbischofs Heinrich Knoderer) im Schild, seit 1309 dann auch in den eigentlichen Wappen und Siegeln der Erzbischöfe. Dieses heraldische
Signum breitete sich wegen des weit verstreuten Territorial-
besitzes des Erzstiftes über große Teile Deutschlands aus, wo es
noch heute in den Wappen vieler Städte vertreten ist, so z. B. in
jenem der thüringischen Landesmetropole Erfurt.

Als der größte Teil der Pfalz 1946 im neugeschaffenen Land
Rheinland-Pfalz aufging, war es selbstverständlich, daß der
Pfälzer Löwe im Landeswappen einen zentralen Platz einneh-
men mußte. Er ist übrigens in den Wappen zweier weiterer
Bundesländer zu finden: im Wappen des Saarlandes, das eben-
falls pfälzische Gebiete umfaßt, und im Großen Wappen des
Freistaates Bayern, wo er (ungekrönt) an die historischen Ver-
bindungen mit der Pfalz erinnert.

Dieser Löwe war das heraldische Emblem der Kurfürsten
der Pfalzgrafschaft bei Rhein. Das Wappentier stammt jedoch
höchstwahrscheinlich von den Welfen ab (siehe den Beitrag
über Niedersachsen), die von 1195 bis 1214 das Territorium
regierten. Conrad von Mure nennt schon um 1250 die Farben:
*»Hier steht die Gestalt des Rheinpfälzer Löwen aus Gold. In ein
schwarzes Feld sollst du ihn setzen.«* Die Wittelsbacher als Nachfolger übernahmen das Tier und machten es so zum »bairi-
schen Löwen«.

Der pfälzische Löwe ist als Wappentier zuerst unter dem
ersten wittelsbachischen Pfalzgrafen Otto dem Erlauchten von
1229 nachzuweisen, ist aber wohl älteren Datums. Otto hatte
die Pfalzgrafschaft am Rhein von den Welfen erheiratet und

augenscheinlich auch deren Wappenbild, die aufrechten goldenen (gelben) Löwen auf Schwarz, angenommen. Es ist darüber hinaus möglich, daß der Löwe sogar bis in die staufische
Zeit der Pfalzgrafschaft zurückreicht, denn der Pfalzgraf Konrad, Bruder Kaiser Barbarossas, ließ bereits um 1190 Münzen
mit einem Löwenbild prägen. Waren doch die im erwähnten
Wappengedicht Conrad von Mures genannten Farben Gold
und Schwarz auch jene der Hohenstaufen.

Die Krone auf dem Haupt des Löwen ist zuerst durch Siegel
Ottos des Erlauchten nachgewiesen. Sie steht möglicherweise
im Zusammenhang mit dem herausragenden Rang des rheini-
schen Pfalzgrafen als Vorsitzender des Fürstengerichts und
Reichsvikar während der Vakanzen auf den deutschen Königs-
thronen.

Die rheinland-pfälzische **Landesflagge** zeigt die Farben
Schwarz-Rot-Gold mit dem Landeswappen im Obereck. Für
die Wahl der Nationalfarben waren zwei Gründe maßgebend:
Zum einen sind sie aus den Wappenfarben ableitbar, zum
anderen kennzeichnen sie das Land Rheinland-Pfalz als Bundesland und erinnern zugleich an die demokratischen deutschen Freiheitsfarben; sie gedenken des Hambacher Festes
vom 27. Mai 1832, das auf pfälzischem Boden stattfand und die
Farben der deutschen Demokratie erstmals in breiter Öffentlichkeit politisch hervortreten ließ.

Saarland

Fläche: 2570 km^2
Einwohner: 1,1 Mill.
Hauptstadt: Saarbrücken
Geographie: Dieses Bundesland weist nahezu durchgängig Mittelgebirgscharakter auf: im Norden der Anteil am Hunsrück, im Süden das Saar-Nahe-Bergland, das die größte Fläche des Territoriums einnimmt. Namensgeber des Landes ist sein längster Fluß, die Saar, die sich durch mehrere landschaftlich reizvolle Engtalstrecken und Talweitungen ihren Weg bahnt.
Gründung: Am 1. Januar 1957 kam das 1946 um 142 Gemeinden vergrößerte, aus der Oberhoheit Frankreichs ausgegliederte und dem Zollgebiet Frankreichs eingefügte Saargebiet nach einer Ablehnung der Europäisierung in einer Volksabstimmung als jüngstes Land der »alten« Bundesrepublik nach Deutschland zurück.

Hoheitszeichen

Mit dem Beitritt des Saarlandes zur Bundesrepublik 1957 trat auch das bereits ein Jahr vorher verabschiedete Wappen- und Flaggengesetz in Kraft.

Das **Wappen** des Saarlandes zeigt in einem gevierten Schild: oben rechts einen goldenen (gelben) gekrönten silbernen (weißen) Löwen in blauem, von silbernen (weißen) Kreuzen besäten Feld; oben links in Silber (Weiß) ein rotes geschliffenes Balkenkreuz; unten rechts in Gold (Gelb) einen roten Schrägrechtsbalken, belegt mit drei gestümmelten silbernen (weißen) Adlern; unten links in Schwarz einen rotgekrönten und -bewehrten goldenen (gelben) Löwen.

Bei der Schaffung dieses Wappens, dessen Entwurf durch das Landesarchiv in Saarbrücken erfolgte, ergriff man die Gelegenheit, die Geschichte des Saarlandes bestmöglich heraldisch zu dokumentieren. Vor der Französischen Revolution von 1789 teilten sich viele kleinere oder größere Herrschaften mit staatlichen Befugnissen das Gebiet des heutigen Saarlandes. Unter den 15 reichsunmittelbaren Territorialherren waren folgende vier die nach ihren Besitzverhältnissen bedeutendsten: die Fürsten von Nassau-Saarbrücken, die Kurfürsten von Trier, die Herzöge von Lothringen und die Herzöge von Pfalz-Zweibrücken.

Den historischen Besitz- und Herrschaftsverhältnissen folgend, berücksichtigt das Wappen des Saarlandes die Wappen dieser vier größten Territorien an der Saar vor 1789; der silberne Löwe für Nassau-Zweibrücken, das rote Kreuz für Kurtrier, die drei Adler für Lothringen, der goldene Löwe für Pfalz-Zweibrücken.

Das erste Wappenquartier mit dem silbernen Löwen und dem mit silbernen »Nagelfußspitzkreuzchen« besäten blauen Feld zeigt das Wappentier der alten Grafschaft Saarbrücken. Dieses Territorium war nach dem Aussterben des alten Grafengeschlechts (1274) im Mannesstamm durch Heirat der Erbtochter des letzten Grafen mit einem Herren von Commercy in den Besitz dieser mit seiner Stammburg an der Maas in Lothringen gelegenen Herrschaft gekommen, wodurch die Linie Saarbrük-

Landesflagge

ken-Commercy begründet wurde. Im Mannesstamm erlosch dieser Zweig 1381, wurde aber noch im gleichen Jahr durch Einheirat Graf Philipps von Nassau-Weilburg fortgeführt, der dann mit der Bezeichnung Nassau-Saarbrücken verschiedenen Linien des Hauses Nassau unterstand. Erst 1728 konnten die Fürsten von Nassau-Usingen den Großteil des Besitzes an der Saar vereinigen.

Schon die alten Grafen von Saarbrücken führten seit 1211 einen ungekrönten Löwen im Siegel, neun Jahre später dann einen gekrönten. Nicht zu sehen sind darauf die am Fuß spitz zulaufenden (Steck-)Kreuze, wie sie erstmals im Siegel von 1284 nachweisbar sind. Sicher war mit ihnen der Saarbrücker Schild schon zu Zeiten Graf Simons II. (1182–1207) »besät«. Bereits sein Enkel Friedrich, Graf von Leiningen, führte laut Wijnberger Wappenbuch (um 1300) drei silberne Adler im »goldkreuzbesäten« blauen Feld. Dies sind jedoch auch die Farben des Saarbrücker Löwenwappens, wie es ebenfalls erstmals das Wijnberger Wappenbuch beschreibt. Mit drei Adlern siegelte 1206 dagegen schon der alte Graf von Leiningen, Friedrichs Urgroßvater. Friedrich hat also offenbar die beiden großelterlichen Wappen zu einem neuen vereinigt.

Die Wiedergabe des doppelschwänzigen Löwen und der Kreuze in der Form der Nagelfußspitzkreuze bestimmten eine farbige Abbildung des 18. Jahrhunderts und die amtliche Beschreibung des Wappens von Nassau-Saarbrücken von

Staatssiegel
als Prägestempel

Großes Landessiegel
als Petschaft

Großes Landessiegel
als Farbdruckstempel

Kleines Landessiegel
als Farbdruckstempel

1744. Häufiger war jedoch früher die einfache Kreuzform und
die Einschwänzigkeit des Löwen.

Das rote Kreuz in Silber ist das Wappenbild des Erzbistums
und Kurfürstentums Trier. Kurtrier hatte das Amt St. Wendel,
die Lehnshoheit über Blieskastel und das Kondominium über
Merzig-Saargau inne. Die historisch-heraldischen Angaben zu
diesem Signum findet der Leser im Kapitel über das Wappen
des Bundeslandes Rheinland-Pfalz.

Die drei gestümmelten Adler (»alérions«) auf einem roten Schrägbalken im goldenen (gelben) Feld bilden das Wappen des Herzogtums Lothringen. Die Herzöge von Lothringen waren mit dem Süden und Westen des Gebietes des heutigen Saarlandes seit dem 11. Jahrhundert verbunden. 1766 fiel das Herzogtum an Frankreich, das hier schon im 17. Jahrhundert durch Verträge und Territorialverschmelzungen Fuß gefaßt hatte.

Der Lothringer Herzog Matthias (gest. 1176) führte als Zeichen seiner Reichstreue einen Adler. Sein Sohn Friedrich von Bitsch zeigte bereits auf seinem Reitersiegel von 1196 drei Adler auf einem Schrägbalken. Schon Conrad von Mure (um 1250) kündet von den Farben: *»Der Lothringer hat einen gelben Schild, darin einen roten Streifen, der drei weiße Adler trägt.«*

Nach Landessitte stellte man später, insbesondere nach dem 14. Jahrhundert, die Adler mit »gestümmelten« (d. h. dem Wappentier beraubten) Fängen und seit dem 16. Jahrhundert auch mit gestümmelten Schnäbeln dar. Nach Auffassung der französischen Heraldiker war der alérion das ritterliche Zeichen eines Sieges über einen fremdländischen Feind.

Der goldene Löwe in Schwarz repräsentiert die Territorien Pfalz-Zweibrücken. Zum wittelsbachischen Fürstentum zählten die Gebiete, die bis 1393 die Grafen von Zweibrücken aus einer Seitenlinie der Saarbrücker Grafen besessen hatten. Im 18. Jahrhundert waren die Wittelsbacher insbesondere mit Stücken der Oberämter Homburg und Zweibrücken und des Amts Nohfelden beteiligt. 1786 kam das vorher französische Amt Schaumburg hinzu. Auch bezüglich der Geschichte dieses Wappens wird auf das Landeskapitel Rheinland-Pfalz verwiesen.

Die 1956 erfolgte Wahl der deutschen Farben in der **Landesflagge** entsprach dem Bekenntnis der Saarländer zur Wiederangliederung an Deutschland.

Heraldisch-historischer Nachtrag

Das Saarland verzeichnete in diesem Jahrhundert mehrere Jahrzehnte, in denen es eine staats- und völkerrechtliche Sonderstellung einnahm.

Nach dem Ersten Weltkrieg wurden gemäß dem Versailler Vertrag vom 28. Juni 1919, der am 20. Januar 1920 in Kraft trat, die Kreise Ottweiler, Saarbrücken-Land, Saarbrücken-Stadt und Saarlouis ganz und Teile der Kreise Merzig und St. Wendel aus der preußischen Rheinprovinz, das bayerische Bezirksamt St. Ingbert ganz und Teile der Bezirksämter Homburg und Zweibrücken aus der bayerischen Pfalz gelöst und zum »Saargebiet« zusammengefaßt. Damit hatte das vornehmlich auf Kohle und Stahl basierende Industrierevier an der Saar – neuer Eigentümer der Kohlengruben wurde der französische Staat – mit seinem Hinterland zum ersten Mal in seiner Geschichte eine verwaltungsmäßige Einheit erhalten. Das Saargebiet insgesamt wurde einer Völkerbundsregierung unterstellt, womit den Bestrebungen der französischen Regierung nicht entsprochen wurde, das Territorium Frankreich einzugliedern.

Nach den Bestimmungen des Versailler Vertrages sollte die saarländische Bevölkerung erst nach Ablauf von 15 Jahren zwischen der Rückgliederung in das Deutsche Reich, den Anschluß an Frankreich oder der Fortdauer der Völkerbundsverwaltung entscheiden. In der Abstimmung vom 13. Januar 1935 wurden 90,76 Prozent der gültigen Stimmen für eine Rückkehr des Saargebietes zu Deutschland abgegeben. Der Völkerbund verfügte daraufhin die Wiedervereinigung mit Deutschland mit Wirkung vom 1. März 1935.

Damit verloren auch die bisherigen saarländischen Hoheitszeichen ihre Gültigkeit: Das gevierte **Wappen** setzte sich aus Teilen der Stadtwappen von St. Ingbert (1. Feld), St. Johann (2. Feld), Saarlouis (3. Feld) und Saarbrucken (4. Feld) zusammen.

Aus einigen Farben dieser Wappenbilder wurde die **Flagge** des Saargebietes abgeleitet: Blau-Weiß-Schwarz. Hierin konnte man allerdings auch eine Kombination der Flaggenfarben der

Wappen des Saargebietes
1920–1935

Wappen des Saarlandes
1948–1956

vormaligen Stammländer Preußen (Schwarz-Weiß) und Bayern (Weiß-Blau) sehen.

Nach dem Zweiten Weltkrieg strebte Frankreich erneut nach starker Einflußnahme auf die Saar. Es fand dafür schließlich das Modell eines autonomen Saarlandes, das in einer Wirtschafts- und Währungsunion mit ihm verbunden war und dessen Landesverteidigung und außenpolitische Vertretung es übernahm.

Auch die zweite Abtrennung des Saarlandes von Deutschland war nicht von Dauer. Unter der Notwendigkeit einer deutsch-französischen Annäherung handelten die Regierungen der Französischen Republik und der inzwischen entstandenen Bundesrepublik Deutschland das sogenannte »Europäische Saarstatut« aus, das den starken französischen Einfluß im Saarland zugunsten der Westeuropäischen Union vermindern sollte.

Schon bald wurden neue deutsch-französische Saarverhandlungen eingeleitet, die mit der Unterzeichnung des Vertrages zur Regelung der Saarfrage in Luxemburg am 27. Oktober 1956 endeten. Er verfügte, daß das Saarland am 1. Januar 1957 als

eigenes Bundesland mit der Bundesrepublik Deutschland vereinigt wird. Der wirtschaftliche Anschluß an Deutschland
erfolgte am 6. Juli 1959. Die Beschreibung des **Wappens** dieses
zweiten Saargebietes lautet:

»*Innerhalb eines schmalen silbernen Schildbordes durch ein silbernes Hochkreuz geviert, oben rechts und oben links ledig von Blau,
unten rechts und unten links ledig von Rot. Über dem Schild eine rote
Brückenkrone mit vier Pfeilern und drei Bogen.*«

Die Farben entsprachen dem französischen Nationalkolorit
(Blau-Weiß-Rot), das Bauwerk sollte auf die Brückenfunktion
des Saargebietes zwischen Frankreich und Deutschland hinweisen. Die **Flagge** des Territoriums war das auf ein Fahnentuch projizierte Schildbild.

Sachsen

Fläche: 18 838 km²
Einwohner: 4,65 Mill.
Hauptstadt: Dresden
Geographie: Drei Landschaftsformen bestimmen das natur-räumliche Gesicht Sachsens: Im Norden bzw. Nordosten das Nordsächsische Flachland, die fruchtbare Leipziger Tieflands-bucht und die fluß- und seenreiche Oberlausitz. Es schließen sich das Mittelsächsische und Lausitzer Bergland mit ihren weitgeschwungenen Tälern und Höhenzügen an, die im Sü-den fast unmerklich in das höhere Mittelgebirgsland von Erz-gebirge, Elbsandsteingebirge und Zittauer Gebirge übergehen. Durch alle drei Landschaftsformen fließt Sachsens Haupt-strom, die Elbe.
Gründung: Wie alle neuen Bundesländer ist auch Sachsen (amtlich »Freistaat Sachsen«) mit Inkrafttreten des Einigungs-vertrages am 3. Oktober 1990 integraler Bestandteil der Bun-desrepublik Deutschland geworden. Noch am 22. Juli 1990 hatte die DDR-Volkskammer das »Verfassungsgesetz zur Bil-dung von Ländern in der Deutschen Demokratischen Repu-blik« (Ländereinführungsgesetz) beschlossen, das am 14. Ok-tober 1990 Wirksamkeit erlangen sollte. Doch noch ehe ein Bundesstaat DDR entstehen konnte, war der Vereinigungspro-zeß zum Abschluß gekommen.

Hoheitszeichen

Die gesetzlichen Rahmenbedingungen für die Gestaltung und Führung des Wappens des Freistaates Sachsen datieren von 1991 und 1992.

Das **Landeswappen** zeigt im neunmal von Schwarz und Gold (Gelb) geteilten Feld einen schrägrechten Rautenkranz in Grün. Eine Besonderheit dieses Wappens ist, daß es davon zwei Gestaltungsvarianten gibt, einmal im »klassischen« Halbrundschild, zum anderen in der »verspielten« Kartuschenschildform. Die zuletzt genannte Wappenversion wird nur vom Sächsischen Landtag benutzt. Sie ist schon vor der Verabschiedung des ersten Wappengesetzes für die Drucksachen des Landtages eingeführt worden. Als Vorbild für diese von den Heraldikern verpönte Schildform hat ein Wappen gedient, das bereits in den zwanziger Jahren verwendet wurde, z. B. auf Einbänden der Staatshandbücher des Freistaates Sachsen.

1993 hat die Sächsische Staatsregierung ein »Landessignet« genehmigt, das dem Wappen nachempfunden ist. Dieses Symbol, das durch den Schriftzug »Sachsen« ergänzt werden kann, soll hauptsächlich Verbänden, Vereinen, privatrechtlichen Stiftungen des Freistaates, Institutionen, aber auch Gewerbetreibenden genehmigungs- und kostenfrei zur Verfügung stehen. Es kann auch als Herkunftszeichen für Produkte aus Sachsen benutzt werden.

Das sächsische Wappen besteht aus zwei Heroldsbildern, den Balken und dem Rautenkranz. Es hat seinen Ursprung in dem anhaltinischen Wappen – »In Gold fünf schwarze Balken« – und bezieht sich direkt auf das Wappen des Hauses Ballenstedt. Im 11. Jahrhundert beherrschte das etwa seit dem Jahre 1000 erkennbare anhaltinische Geschlecht der Askanier, das sich zeitweise Grafen von Ballenstedt nannte, das Gebiet zwischen Harzvorland und Fläming. Dem 1170 verstorbenen Albrecht dem Bären folgten die Söhne Otto und Bernhard.

Von ihnen erlangte Bernhard nach dem Sturz Heinrichs des Löwen den Titel »Herzog von Sachsen« sowie den an der unteren Elbe bei Lauenburg befindlichen Teil des Herzogtums

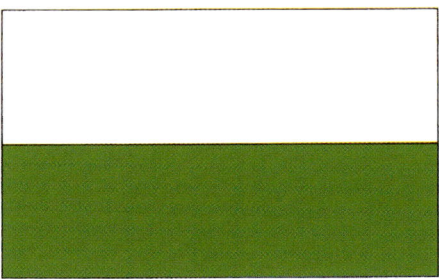

Landesflagge

Landesdienstflagge

Dienstsiegel

Landessignet

Sachsen und gewann dazu das rechtselbische Gebiet um Wittenberg. Bei seinem Tode (1218) erhielt sein ältester Sohn Heinrich I. (1212–1260) die eigentlichen Hausgüter zwischen Ostharz und Mittelelbe. Er nannte sich nach der vielleicht um 1050 von Esiko von Ballenstedt, nach der Umwandlung Ballenstedts in ein Stift, errichteten Burg über dem Selketal und gehörte als einziger Graf seit 1218 dem Reichsfürstenstand an. Als erster führte Bernhard, der zweite Sohn des Markgrafen Albrecht I., des Bären, nach dessen Tod als Familienzeichen den sogenannten Ballenstedter schwarz-goldenen Balkenschild.

Kommen wir nun zu dem markanten Wappenbild des Rautenkranzes, um dessen Entstehung sich eine ganze Literatur rankt. Die Geschichte, daß Herzog Bernhard III. von Askanien (1180–1212) bei seiner Belehnung mit dem Herzogtum Sachsen den Rautenkranz als Zeichen seiner Würde erhalten habe, entbehrt der historischen Grundlage, da er, wie jeder Herzog, bei seiner Standeserhebung mit der Fahne belehnt wurde. Auch sein Sohn Albrecht I. (1212–1260) führte den Rautenkranz noch nicht in seinem Wappen.

Erst in den Schilden seiner beiden Söhne Albrecht II. (1260–1298) und Johann (1260–1285) taucht dieses florale Emblem auf, das später als Ehrenkranz interpretiert wurde, indessen wohl als Beizeichen zu deuten ist, um den Verzicht der Herzöge von Sachsen-Wittenberg auf die askanischen Stammlande Niedersachsen mit Lauenburg zu kennzeichnen.

Albrecht I. begründete die Wittenberger Linie des Grafengeschlechts der Askanier, das 1422 ausstarb. Kaiser Sigismund belehnte im Januar 1423 den wettinischen Markgrafen von Meißen, Friedrich den Streitbaren, mit dem Herzogtum und den damit verbundenen Reichswürden. Diese Belehnung umfaßte die halbe Pfalz Thüringen, die Grafschaft Brehne, die Burggrafenschaft Magdeburg sowie das Grafengedinge in Magdeburg und Halle. Mit der Leipziger Teilung 1485 in eine ernestinische Linie der Wettiner gelangt, wurden die Kurlande und die Kurwürde in der Wittenberger Kapitulation auf Drängen von Herzog Moritz von Sachsen an die albertinische Linie der Wettiner übertragen.

So ist denn der Rautenkranzschild zum auch von den Wettinern weitergeführten Wappen des Herzogtums, Kurfürstentums und Königreichs Sachsen sowie der diversen sächsischen Herzogtümer geworden. Den Rautenkranzschild führten ebenso der nach dem Ersten Weltkrieg entstandene erste Freistaat Sachsen und das Land Sachsen bis 1952, und so galt er nach der »Wende« 1989 von sofort an auch für das wiedererstandene Land Sachsen, das sich alsbald gleichfalls den Freistaat-Titel zulegte.

Zwei geringfügige, aber doch zu beachtende Ausführungen des Rautenwappens seien noch erwähnt: Die albertinische Linie unterschied sich im Wettiner Stammwappen von derjenigen des ernestinischen Zweigs durch eine unterschiedliche Gestaltung der Schmuckelemente des Rautenkranzes, und im Wappen der preußischen Provinz Sachsen begannen die Balken, um sich von dem entsprechenden Hoheitszeichen des Königreichs Sachsen statt mit der schwarzen Farbgebung mit der goldenen (gelben) zu unterscheiden.

Die sächsische **Landesflagge** ist weiß-grün geteilt. Bei Redaktionsschluß dieses Buches gab es noch kein spezielles Gesetz für die sächsischen Flaggen, doch wurden Landesflagge und Landesdienstflagge textlich in der Verordnung über die Verwendung des Staatswappens von 1992 erwähnt.

Gemäß der Wappenzeichnung hätte Sachsen die Farben Schwarz-Gelb in seiner Flagge führen müssen. Da aber bei Schaffung dieses Hoheitszeichens 1815 bereits das seinerzeit Sachsen benachbarte Österreich jene Farbfolge als Nationalflagge (zu Lande) führte, entschied man sich für weiß-grün; eine Farbkomposition, die allerdings auch auf eine Tradition verweisen konnte. Schon 1688 gab G. A. Böckler in seiner »Ars heraldica« für Sachsen ein grünes Kreuz in Weiß als Landessymbol an. Als nach der Erhebung Sachsens zum Königreich und nach Eintritt König Friedrich Augusts in den Rheinbund am 20. Juli 1807 der »Orden der Rautenkrone« gestiftet wurde, trat mit dem Ordensband die grüne Farbe zum ersten Male staatlicherseits offiziell in Erscheinung. Die sächsischen Ulanen besaßen seit 1813 weiß-grüne Lanzenfähnchen.

Durch allerhöchstes Reskript König Friedrich Augusts vom

16. Juni 1815 wurden Weiß und Grün ausdrücklich als Landesfarben und zum Nationalabzeichen erklärt, *»auf daß solche zur
Belebung des Nationalsinnes und als äußeres Zeichen der Eintracht
unter Unseren Unterthanen auch vom Zivilstande und besonders von
Unseren Dienern und allen öffentlichen Beamten getragen werden.«*

Die weiß-grüne Flagge wurde schon während der »Wende«
in der DDR häufig vom Volk in der Öffentlichkeit gezeigt und
galt bei Wiedererstehen des Landes Sachsen auch ohne
erneute gesetzliche Festsetzung sofort wieder als Landesflagge.

Sachsen-Anhalt

Fläche: 20 443 km^2
Einwohner: 2,8 Mill.
Hauptstadt: Magdeburg
Geographie: Sachsen-Anhalt reicht von der Norddeutschen Tiefebene bis zur Mittelgebirgsschwelle. Altmark, Fläming und die Halle-Leipziger Bucht gehören dem Flachland an. Zwischen den Ebenen und den hügeligen nordöstlichen Randgebieten des Thüringer Beckens liegen die fruchtbaren Böden der Magdeburger und der Obersächsischen Börde. Im Südwesten ragt über das Vorland steil der Harz auf. Elbe, Saale und Unstrut sind die bedeutendsten Flüsse des Landes.
Gründung: Wie alle neuen Bundesländer ist auch Sachsen-Anhalt mit Inkrafttreten des Einigungsvertrages am 3. Oktober 1990 integraler Bestandteil der Bundesrepublik Deutschland geworden. Noch am 22. Juli 1990 hatte die DDR-Volkskammer das »Verfassungsgesetz zur Bildung von Ländern in der Deutschen Demokratischen Republik« (Ländereinführungsgesetz) beschlossen, das am 14. Oktober 1990 Wirksamkeit erlangen sollte. Doch noch ehe ein Bundesstaat DDR entstehen konnte, war der Vereinigungsprozeß zum Abschluß gekommen.

Hoheitszeichen

Das Gesetz über Wappen, Flaggen und Siegel von 1991 bildet die juristische Grundlage zu den Hoheitszeichen dieses Bundeslandes.

Das **Landeswappen** ist durch einen Schildfuß geteilt und zeigt oben ein neunmal von Gold und Schwarz geteiltes Feld, schrägrechts belegt mit einem grünen Rautenkranz sowie in dessen linkem Obereck (Freifeld) in Silber (Weiß) einen gold-(gelb) bewehrten und rotbezungten schwarzen Adler; unten in Silber (Weiß) einen auf einer roten Zinnenmauer schreitenden schwarzen Bären.

Das obere Feld des neuen Landeswappens von Sachsen-Anhalt gibt, sieht man vom Adler ab, im Prinzip das Wappen-bild der einstigen preußischen Provinz Sachsen (ab 1815) in der seit 1864 gültig gewesenen Gestaltung wieder, d. h. mit der mit Gold beginnenden Farbfolge der Balken, welche als Unterscheidung zu dem mit einem schwarzen Streifen beginnenden Wappen des Königreichs Sachsen gewählt worden war. Die näheren Angaben zur Geschichte des Rautenkranzwappens findet der Leser im Beitrag zum Landeswappen von Sachsen (S. 178 ff.).

In der Weimarer Republik wurde diesem Wappen ein silbernes (weißes) Schildhaupt mit dem freistaatlichen preußischen Adler hinzugefügt; als solches war es dann das neue preußische Provinzwappen Sachsens.

Das Schildhaupt entfiel nach der Bildung des Landes Sachsen-Anhalt (Vereinigung der vormaligen Territorien Freistaat Anhalt und der preußischen Provinz Sachsen) im Jahre 1947 und wurde 1948 durch eine Komposition aus Ähren und Berghämmern ersetzt. In diesem Wappen war Anhalt heraldisch nicht vertreten und die Streifeneinteilung begann irrtümlich wieder mit Schwarz. Dieses heraldische Signum hatte allerdings nur kurze Gültigkeit, denn wie alle DDR-Länder wurde auch Sachsen-Anhalt 1952 aufgelöst.

Das neue Wappen des wiederbegründeten Landes kehrte zur Streifeneinteilung in der Reihenfolge wie bei der Provinz

Sachsen zurück und auch der Adler (in Erinnerung an die preußische Zeit) fand sich wieder ein, allerdings in einer heraldisch nicht sehr geglückten Präsentation innerhalb eines »eingeklemmten« Freifeldes.

Den Schildfuß bildet nun das Landeswappen des Freistaates Anhalt aus der Weimarer Republik. Der 1919 aus dem Herzogtum Anhalt hervorgegangene Freistaat hatte sich 1924 dieses Wappen in Anlehnung an das Wappen der Herrschaft Bernburg gegeben: Es zeigte einen silbernen (weißen) Schild, darin einen schreitenden schwarzen Bären auf roter, schwarzgefugter Zinnenmauer mit offenem Tor.

Das originelle Wappenbild Anhalts entstammt dem Wappen des ehemals in Anhalt regierenden Herzogshauses, das diesen Bären mit einem goldenen Halsband und das Tor in gleicher Farbe führte. Der Bär ist hier ein sogenanntes »redendes Wappen«, d. h. es weist bildmäßig auf die Beziehungen des anhaltinischen Fürstenhauses zu Bernburg (»Bärenburg«) hin. Nach dem erstmals 1138 als Burganlage erwähnten Bernburg an der unteren Saale nannten sich verschiedene Linien des Hauses Anhalt. Nachweisbar finden wir das Bärenmotiv zuerst auf einem Reitersiegel des anhaltinischen Fürsten Bernhard aus dem Jahre 1323.

Die gelb-schwarz waagrecht gestreifte **Landesflagge** basiert auf den Hauptwappenfarben des provinzial-sächsischen Wappenfeldes und knüpft in dieser Farbzusammenstellung an das älteste askanische (ballenstedtische) Wappen an, das aus gelben und schwarzen Streifen bestand. Die preußische Provinz Sachsen hatte seit 1884 Schwarz-Gelb als Provinzialfarben geführt, die 1945 vom Präsidenten der Provinz Sachsen als Landesflagge bestätigt wurden und bis 1952 auch für das Land Sachsen-Anhalt galten.

Als das Territorium 1990 wiederhergestellt wurde, war die Farbkomposition Schwarz-Gelb mittlerweile von Baden-Württemberg als Landesflagge angenommen worden. Deshalb entschied sich der Landtag bei der Schaffung der neuen Landesflagge für Gelb-Schwarz, die überdies der Streifenteilung im Landeswappen entsprechen.

Landesflagge

Kleines Dienstsiegel

Schleswig-Holstein

Fläche: 15 731 km^2
Einwohner: 2,7 Mill.
Hauptstadt: Kiel
Geographie: Schleswig-Holstein nimmt den südlichen Teil der Kimbrischen Halbinsel ein. Die Landesmitte wird geprägt durch das östliche Hügelland mit seinen nahezu 300 Seen, hingegen der Westen durch die Sandebenen der Geest bestimmt wird. An der Ostseeküste greift die See mit breiten Buchten und schmalen Förden tief in das Land ein. Im Westen liegt vor den Deichen der Nordsee das fruchtbare Marschenland. Ist die Ostsee vor Schleswig-Holstein, mit der Ausnahme Fehmarns, fast »inselfrei«, liegt vor der Westküste die nordfriesische Inselwelt.
Gründung: Das Land Schleswig-Holstein entstand 1946 durch Verordnung der britischen Militärregierung aus der gleichnamigen preußischen Provinz. Drei Jahre später wurde das Territorium das nördlichste Bundesland der Bundesrepublik Deutschland.

Hoheitszeichen

1957 verabschiedete der schleswig-holsteinische Landtag das Gesetz über die Hoheitszeichen des Landes.

Das **Landeswappen** zeigt im gespaltenen Schild vorn in Gold (Gelb) zwei schreitende rotbezungte und -bewehrte blaue Löwen, hinten in Rot ein silbernes (weißes) Nesselblatt.

Gemäß dem historischen Bekenntnis *»Up ewig ungedeelt!«* versinnbildlicht das Wappen die heraldischen Symbole der beiden Landesteile, die schleswigschen Löwen und das holsteinische Nesselblatt. Zusammenstellungen der beiden Wappenbilder sind schon seit 1395 bekannt, seit 1700 und vor allem seit der schleswig-holsteinischen Erhebung gegen Dänemark von 1848/49 nebeneinander im zweifeldrigen Schild. Die – heraldisch gesehene – linksgewendete Blickrichtung der Löwen ist aber erst 1891 amtlich verfügt worden.

Bis 1326 wurde die Mark Schleswig (seit 1182 Herzogtum) von Nebenlinien des dänischen Königshauses regiert. Deshalb finden wir im Herzogsiegel (erstmals 1245) auch zwei der drei dänischen Löwen, im Wappen gleichfalls nach dänischem Vorbild blau in Gold. Um die Lehensabhängigkeit Schleswigs von Dänemark zum Ausdruck zu bringen, wurde – wie vielfach im Mittelalter – eine sogenannte »Wappenminderung« vorgenommen. Hieraus erklärt sich die Reduzierung von drei auf zwei Löwen. Die roten Herzen, mit denen der Schild ursprünglich besät war, wurden allerdings seit der Mitte des 14. Jahrhunderts weggelassen. Kronen, wie im dänischen Wappen, trugen die schleswigschen Löwen nie.

Das noch heute gültige dänische Staatswappen führte wahrscheinlich schon König Waldemar I., der Große (1157–1182), obwohl man die älteste erhaltene Wiedergabe erst aus dem Siegel seines Sohnes König Knut VI. (1182–1202) kennt. Die Farben des Wappens sind seit 1280 bekannt, als sie in einer deutschen und französischen Handschrift beschrieben wurden. Waldemar II., der Sieger (1202–1241) vermehrte die Wappen um die Kronen auf den Köpfen der Löwen als Zeichen seiner Schlachtenerfolge. Die Zahl der »Herzen« (eigentlich

Seeblätter) wurde erst 1819 auf neun festgesetzt. Sie waren ursprünglich nur Feldausfüllungsfiguren, weshalb ihre Anzahl nicht weiter von Belang gewesen ist.

Über die Entstehung des Löwenwappens gibt es verschiedene Theorien. Eine davon besagt, daß sich das Wappen von den Stauferkaisern ableitet, die vorübergehend die Lehnsherren Dänemarks waren. Als Herzöge von Schwaben führten die Staufer drei schwarze Löwen übereinander im schwarzen Feld (siehe auch den Beitrag über Baden-Württemberg). Es wurde sogar versucht, den Löwen irgendeinem Sinngehalt zuzuordnen. Danach sollten die drei blauen Löwen die drei Arme des Baltischen Meeres symbolisieren, die mit »großem Ungestüm« in das dänische Gebiet eintreten. Diese Deutung erwies sich aber als nicht haltbar.

Die Entstehungsgeschichte des holsteinischen Wappenzeichens, des »Nesselblattes«, war in der heraldischen Forschung lange umstritten. Nach der ersten Deutung wird von einer Identität zwischen dem Blatt der Nessel und dem des Christdorns oder Hülsenbusches (ilex aquifolium) ausgegangen, der im Volksmund nur »Hulst« oder »Holst« genannt wurde, was angeblich etwas mit der Herausbildung des Namens »Holstein« zu tun haben soll.

Indes, ein Blick ins etymologische Lexikon lehrt, daß es irgendeine Gleichsetzung zwischen Hülsenbusch und Nesselpflanze nie gegeben hat, weder im Volksmund noch in der Hochsprache. Die Interpretation, die sich durchgesetzt hat, besagt, daß es sich bei dem Nesselblatt nicht um den Teil einer Pflanze, sondern um das weiße Innenfeld eines anderen Wappenbildes, nämlich eines gezackten roten Schildbordes handelt, so wie ihn das Herrschergeschlecht der Schauenburger (Schaumburger) in seinem Siegel führte.

Die Schauenburger, seit Beginn des 11. Jahrhunderts Grafen von Holstein, führten ursprünglich einen Löwen als Wappenfigur. Doch schon 1229 finden wir auf einem Siegel Adolphs IV. das, bereits seit dem 15. Jahrhundert so genannte, »Nesselblatt«. Unter seinen Söhnen wurde es zum neuen Stammwappen der Schauenburger. Mit diesem Wappenwechsel setzte man sich demonstrativ vom Löwenwappen des

Landesflagge

Landesdienstflagge und Dienstflagge der im
öffentlichen Dienst des Landes stehenden
See- und Binnenschiffe

Dänenkönigs ab, der Holstein beanspruchte. Aus den gleichen
Gründen wechselte man wohl auch die Farben.

Möglicherweise sollte hierdurch auch in optisch-sprach-
lichem Dreiklang darauf hingewiesen werden, daß das Stamm-
schloß der Schauenburger auf dem Nesselberg an der Weser
lag. Auf jeden Fall aber wird eines sowohl am schleswigschen
als auch am holsteinischen Beispiel deutlich: Die Ausgestaltung der Wappen war nicht irgendeine Spielerei, sondern mit
ihr wurden konkrete Zeichen des Machtanspruchs gesetzt.

Die Vereinigung der beiden, den Herrschaftsantagonismus
um Schleswig und Holstein zum Ausdruck bringenden Wappen in der Form des Schildes auf einer Fläche, fand zuerst

Landessiegel

Großes Landessiegel   Kleines Landessiegel

unter Gerhard IV. von Schauenburg nach seiner Belehnung mit dem Herzogtum Schleswig im späten 14. Jahrhundert statt. Er führte den Löwen und das Nesselblatt zunächst auf viergeteiltem Felde, und zwar im ersten und vierten die beiden rechts gewendeten schleswigschen Löwen, im zweiten und dritten das Nesselblatt für Holstein.

In den Wappen und Siegeln seiner Nachfolger – der letzten Abkommen des Schauenburger Geschlechts, die in einer Person Herzog von Schleswig und Graf von Holstein waren – wird die gleiche Anordnung beibehalten, ebenso auf der Privilegienlade der schleswig-holsteinischen Ritterschaft von 1504, die in der Mitte allerdings noch zusätzlich durch einen Herz-schild mit dem Schwan von Stormarn versehen war.

Das zweigeteilte (»gespaltene«) Wappen, so wie es Schles-wig-Holstein seit 1948 führt, ist erstmals anhand von Ende des 17./Anfang des 18. Jahrhunderts gebräuchlichen Behörden-stempeln nachweisbar. Preußen machte es, nachdem es sich Schleswig-Holstein einverleibt hatte, 1891 zum Wappen dieser Provinz. Im Stile eines sogenannten Allianzwappens ließ man dabei die beiden schleswigschen Löwen zur Schildmitte blik-ken.

Die blau-weiß-roten **Landesfarben**, von den beiden Wap-penbildern des Landeswappens abgeleitet, sind im Volk ent-standen. Sie wurden seit 1843 von den Einwohnern der Her-zogtümer den dänischen Bestrebungen zur engeren Einbin-dung Schleswigs entgegengesetzt und deswegen 1845 von der dänischen Regierung verboten. Doch machte das die Farben als Symbol des Zusammengehörigkeitsbewußtseins aller Schleswig-Holsteiner nur noch populärer. Sie ließen sich nicht unterdrücken und blieben auch ohne amtliche Billigung der preußischen Behörden Landes- bzw. Provinzialfarben. Auf der schleswig-holsteinischen Landesflagge wehen sie, nunmehr offiziell zu den Landesfarben erhoben, seit 1948.

Thüringen

Fläche: 16 251 km^2
Einwohner: 2,5 Mill.
Hauptstadt: Erfurt
Geographie: Das Kerngebiet dieses in der geographischen Mitte Deutschlands gelegenen Bundeslandes bildet das Thüringer Becken zwischen Harz und Thüringer Wald. Der aus Muschelkalk- und Buntsandsteinschichten aufgebauten Mulde schließt sich im Norden u. a. die fruchtbare »Goldene Aue« an, während sich im Süden der 100 Kilometer lange und bis zu 35 Kilometern breite, sich bis zum Frankenwalde hinziehende, Thüringer Wald erstreckt. Diesem Höhenzug vorgelagert ist im Südosten die flachwellige, waldreiche Hochfläche des Thüringer Schiefergebirges, welche seit langem mit zahlreichen Talsperren durchsetzt ist.
Gründung: Wie alle neuen Bundesländer ist auch Thüringen (amtlich »Freistaat Thüringen«) mit Inkrafttreten des Einigungsvertrages am 3. Oktober 1990 integraler Bestandteil der Bundesrepublik Deutschland geworden. Noch am 22. Juli 1990 hatte die DDR-Volkskammer das »Verfassungsgesetz zur Bildung von Ländern in der Deutschen Demokratischen Republik« (Ländereinführungsgesetz) beschlossen, das am 14. Oktober 1990 Wirksamkeit erlangen sollte. Doch noch ehe ein Bundesstaat DDR entstehen konnte, war der Vereinigungsprozeß zum Abschluß gekommen.

Hoheitszeichen

Die Symbole des Bundeslandes Thüringen sind zuerst in dem entsprechenden Hoheitszeichengesetz von 1991 niedergelegt worden.

Das **Landeswappen** zeigt in einem von acht sechseckigen silbernen (weißen) Sternen besäten blauen Schild einen achtfach rot-silbern (weiß) gestreiften, rotbezungten sowie gold-(gelb) bewehrten und -bekrönten steigenden Löwen.

Thüringen, das »Grüne Herz Deutschlands«, ist als einheitliches staatliches Gebilde unter diesem Namen erst im Gefolge der territorial-administrativen Neuordnung Deutschlands nach dem Ersten Weltkrieg entstanden. Die deutsche Kleinstaaterei fand in der Region zwischen Harz und Thüringer Wald seit dem Mittelalter einen besonders »fruchtbaren« Boden. Das Land Thüringen hat es dann in seiner sieben Jahrzehnte währenden Existenz auf immerhin vier Staatswappen gebracht.

Wer die Wappen der »alten« Bundesrepublik kennt, dem wird auffallen, daß das hessische Landeswappen dem thüringischen sehr ähnelt. Das ist kein Zufall: Der Thüringer Löwe, erstmals nachweislich auf einem Reitersiegel des Thüringer Landgrafen Hermann I. (1190–1217) bezeugt, ist nämlich nach Hessen »eingewandert« – heraldisch gesehen. Die weiteren historisch-heraldischen Erläuterungen zu dem Löwenbild entnehme der Leser bitte dem Kapitel über das hessische Landeswappen.

Die Sterne im Thüringer Wappen sind jenem des Landeswappens von 1945 entnommen. Sie verweisen darauf, daß der Thüringer Staat im Jahre 1920 aus sieben ehemaligen Thüringer Ländern zusammengeschlossen worden ist und 1945 gleichsam als achtes Land noch die preußischen Gebiete im Thüringer Raum hinzugekommen sind. Bei diesen acht Territorien handelt es sich im einzelnen um:

1. Sachsen-Weimar-Eisenach –
   bis 1918 Großherzogtum Sachsen-Weimar-Eisenach;
2. Sachsen Meiningen –
   bis 1918 Herzogtum Sachsen-Meiningen;

3. Sachsen-Altenburg –
bis 1918 Herzogtum Sachsen-Altenburg;
4. Sachsen-Gotha –
bis 1918 Herzogtum Sachsen-Coburg und Gotha
(Coburg kam 1920 an Bayern);
5. Schwarzburg-Rudolstadt –
bis 1918 Fürstentum Schwarzburg-Rudolstadt;
6. Schwarzburg-Sondershausen –
bis 1918 Fürstentum Schwarzburg-Sondershausen;
7. Reuß –
bis 1918 die Fürstentümer Reuß ältere Linie (Greiz) und
Reuß jüngere Linie (Gera), die 1919 den Volksstaat Reuß
bildeten;
8. ehemals preußische Gebiete –
bis 1944/45 Landesteile folgender Provinzen:
Sachsen = Regierungsbezirk Erfurt und
Teile des Regierungsbezirkes Merseburg,
Hessen-Nassau = Kreis Schmalkalden.

Abschließend noch ein kurzer Blick auf die drei thüringischen Länderwappen, die von 1921 bis 1952 existierten. In der DDR wurden die Länder ja de facto aufgelöst.

Das (erste) Land Thüringen wurde am 1. Mai 1920 durch den Zusammenschluß von sieben Einzelstaaten gebildet. Damit wurde gleichzeitig die Schaffung eines Landeswappens nötig. Auf Anregung des Weimarer Staatsarchivdirektors Armin Tille beschloß der Landtag 1921 ein Landeswappen, das in Rot sieben silberne Sterne zeigte.

In der NS-Ära hatte ein Wappen Gültigkeit, das unter bewußter Einbeziehung traditioneller heraldischer Zeichen einen Herzschild mit dem Thüringer Löwen wiedergab – in der erhobenen Pranke ein Hakenkreuz haltend. Die ihn begleitenden vier Felder stellten die Wappensymbole der einstigen sächsischen Herzogtümer, der schwarzburgischen und preußischen Fürstentümer sowie der Grafschaft Henneberg dar.

Anknüpfend an die demokratischen Traditionen aus der Zeit der Weimarer Republik erkor man 1945 ein Landeswappen, das auf Rot einen goldenen Löwen abbildete, begleitet von

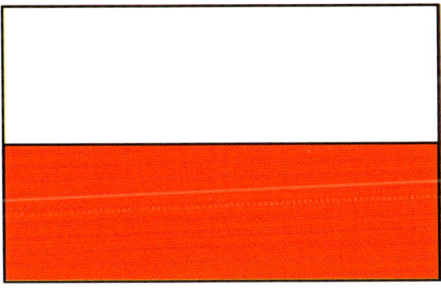

Landesflagge

Landesdienstflagge

Landessiegel

acht silbernen Sternen. Durch das am 25. Juli 1952 angenommene »Gesetz über die weitere Demokratisierung des Aufbaues und der Arbeitsweise der staatlichen Organe im Lande Thüringen« hörte dann das Staatswesen Thüringen praktisch auf zu bestehen, wodurch auch das bisher gültige Hoheitszeichen für das Land mehr oder weniger bedeutungslos wurde.

Die thüringische **Landesflagge** ist seit 1921, abgeleitet von den Farben des Hauptwappenbildes, des Löwen, weiß-rot gestreift. Sie wurde nach der »Wende« 1989 vom Volk spontan wiederbelebt und durch das eingangs erwähnte Hoheitszeichengesetz von der Landesregierung zwei Jahre später offiziell bestätigt.

Historische Thüringer Landeswappen

1921–1933

1933–1945

1945–1952

Der preußische Adler
und die Wappen
der historischen
deutschen Ostgebiete

Preußen

Fläche: 293 938 km^2
Einwohner: 41,47 Mill. (1939)
Hauptstadt: Berlin

Am 18. Januar 1701 krönte sich in der ostpreußischen Metropole Königsberg mit Zustimmung des römisch-deutschen Königs Joseph I. (1705 zum Kaiser gekürt) Kurfürst Friedrich III. von Brandenburg als Friedrich I. zum König in Preußen.

Fast zwei Jahrhunderte spielte das Königreich nunmehr eine gewichtige Rolle im Konzert der europäischen Mächte. Am 170. Jahrestag seiner Gründung, am 18. Januar 1871, ging Preußen in das neugeschaffene Deutsche Reich auf, dessen drei Kaiser das preußische Königshaus der Hohenzollern stellte. Preußen war fortan die dominierende Kraft in Deutschland. Mit dem Ende des Ersten Weltkrieges 1918 erlosch auch die preußisch-deutsche Monarchie. Doch das Land Preußen, nunmehr republikanischer »Freistaat«, blieb erhalten, allerdings um große Gebiete im Osten verkleinert. Sie fielen an die Republik Polen.

Das Ende Preußens als selbständige Staatseinheit vollzog sich in drei Schritten: Am 20. Juli 1932 wurde die preußische Regierung durch eine Notverordnung der Reichsregierung ihres Amtes enthoben. Der Reichskanzler fungierte fortan als »Reichskommissar für Preußen«. Nach der Machtübernahme der Nationalsozialisten 1933 wurde Hermann Göring zum preußischen Ministerpräsidenten ernannt. Seit 1934 wurden nahezu alle preußischen Ministerien mit den entsprechenden Reichsministerien zusammengelegt. Das endgültige Aus für das Territorium kam zwei Jahre nach dem verlorenen Zweiten Weltkrieg: Das Gesetz Nr. 46 des Alliierten Kontrollrates vom 25. Februar 1947 löste Preußen als Staat auch formell auf.

Der preußische Adler

Die Geschichte des preußischen Gesamtwappens hier nieder-
zulegen ist nicht der Platz. Doch soll zumindest die Historie
jenes staatlichen Symbols erwähnt werden, das seit der Gründung des Königreiches Preußen die zentrale Stelle in dessen
Wappenwesen einnahm: der schwarze einköpfige Adler im
silbernen (weißen) Feld.

Der erste Monarch, der dieses herzoglich-preußische Symbol
führte, war Kurfürst Johann Georg von Brandenburg (1571–
1598). Zum politisch-territorialen Hintergrund: 1411 wird Burggraf Friedrich VI. von Nürnberg aus dem Hause Hohenzollern
vom römisch-deutschen König Sigismund (Kaiser seit 1433)
zum Reichsverweser in der Mark Brandenburg eingesetzt, 1415
zum Markgrafen, und damit zum Kurfürsten ernannt. 1618
fällt das seit 1525 weltliche Herzogtum Preußen (hervorgegan-
gen aus dem Deutschordensstaat) an das Kurfürstentum Brandenburg.

Der preußische Adler geht denn auch auf den schwarzen
Reichsadler zurück, den der Hochmeister des Deutschen
Ordens Hermann von Salza wahrscheinlich anläßlich seiner
Erhebung in den Reichsfürstenstand durch die »Goldene Bulle
von Rimini« durch Kaiser Friedrich II. im Jahre 1226 im Sinne
einer Gnadengabe führen durfte. Sicher ist, daß das schwarze
Kreuz im silbernen (weißen) Schild des Deutschen Ordens von
dessen Hochmeister seit den späten 1220er Jahren zum Zeichen seiner Würde mit dem schwarzen Reichsadler belegt
wurde.

Ein schwarzes Kreuz auf weißem Mantel trugen denn auch
die Ritter des 1190 gegründeten Deutschen Ordens, die 1226
auf Ersuchen Herzog Konrad von Masowiens den im Kampf
gegen die heidnischen Pruzzen (Preußens Namensgeber)
unterstützen sollten. Vier Jahre später überließ Herzog Konrad
dem Orden das Kulmer Land. Der Deutschordensstaat entstand. Nach dem Übertritt des letzten Hochmeisters zum Protestantismus wurde das Ordensland östlich der Weichsel 1525
zum weltlichen Herzogtum umgewandelt.

Heraldische Verwandschaft: links Deutschordensritter der Frühzeit (vor dem 14. Jh.), rechts Herold des preußischen Schwarzen-Adler-Ordens 1890.

Herzog Albrecht von Brandenburg (1511–1525), eben jener letzte Hochmeister, leistete am 10. April 1525 in Krakau vor König Sigismund den Lehnseid (der deutsche Ordensstaat stand seit dem Zweiten Thorner Frieden 1466 unter der Souveränität des polnischen Königs). Jetzt mußte er auch seinen bisherigen Hochmeister-Wappenrock gegen den Wappenrock des Herzogs von Preußen tauschen.

Der Wappenrock des Hochmeisters war entsprechend dem Sonderwappen des Hochmeisters weiß mit dem durchgehenden schwarzen Ordenskreuz; zusätzlich aber mit dem Lilienzepterkreuz auf den Kreuzarmen und einem deutschen Reichsadlerschild in der Mitte versehen; als Zeichen, daß der Hochmeister des Deutschen Ordens zu den Reichsfürsten zählte. Alle übrigen Ordensritter trugen nur das schwarze Kreuz auf weißem Grund auf ihrem Gewand.

Bei diesem Kreuz handelte es sich ursprünglich um ein lateinisches mit ungleichen Balken. Auf Münzen zu Beginn des 14. Jahrhunderts fand sich eine richtungsweisende Veränderung der Kreuzform. Der Querbalken rutschte zur Mitte hin und die Balkenenden verbreiterten sich. Diese neue Form, das »Tatzenkreuz«, fand sich später auch auf den Mänteln wieder, und zwar in mehr oder weniger geschweifter Version. Sie kann somit als Vorbild für die Form des »Eisernen Kreuzes« (gestiftet erstmals 1813) angesehen werden. Besagtes Kreuzdesign hat sich auf den Ordensmänteln im wesentlichen bis heute erhalten.

Der neue preußische Wappenrock bewahrte die Grundfarbe Weiß und den schwarzen Adler, aber ohne die Vermittlung durch Kreuz, Lilienzepter und goldenen Mittelschild, zusätzlich aber auf der Brust die Namensinitiale(n) des Königs von Polen.

Das Muster auf dem Wappenrock entsprach der Zeichnung der Lehnsfahne, die Herzog Albrecht von König Sigismund überreicht wurde. In einer zeitgenössischen Quelle so beschrieben:

»*ein neu panir von weißem Damaschke (...), in welchem Panir ist gestanden ein schwarzer Adler mit guldenen Kloen, ein güldene Cron vmb denn Halß habende vnd güldenen streifen inn beiden flügeln und ein silbern .S. in seiner Brust endhalten.*«

Dieses Signum sollte fortan als Landeswappen für Preußen gelten, wenngleich der Adler zahlreiche graphisch-heraldische Änderungen erfuhr.

Nach dem Vertrag von Wehlau vom 19. September 1657 und dem Frieden von Oliva vom 3. Mai 1660 entfiel die Lehnshoheit von Polen über Preußen, und die Buchstaben auf der

Brust des Adlers verschwanden: dem »S« waren hernach die gleichfalls verschlungenen Versalien »V« für König Vladislav (1632–1648) und »G« für den Herzog und Kurfürsten Georg Wilhelm (1619–1640) gefolgt.

Die offene Blätterkrone um den Hals wurde am 20. Februar 1701 in eine Königskrone umgewandelt, die erst 1865 verschwand. Nach der Krönung des brandenburgischen Kurfürsten und Herzogs Friedrich Wilhelm III. zum König in Preußen (18. Januar 1701) erhielt der Adler am 27. Januar 1701 auf die Brust in Gold die verschlungenen Initialien des Königs »F. R.« (für Fridericus Rex), was in den Regierungszeiten von Friedrich Wilhelm I. (1713–1740), Friedrich Wilhelm II. (1786–1797) und Friedrich Wilhelm III. (1797–1840) noch um ein eingeschlungenes »W« ergänzt wurde.

Auch die Beigabe von Hoheitszeichen, wie Zepter und Reichsapfel, setzt sich in den ersten Jahren des neuen Königtums durch; die goldenen Kleestengel auf den Flügelknochen (»Saxen«) des Adlers blieben hingegen von Anbeginn als heraldischer Zierat erhalten.

Mit der Verordnung »wegen des Königlichen Titels und Wappens« vom 9. Januar 1817 wurde dann das Buchstabenpaar »FR« festgeschrieben, um an den ersten sowie an den bedeutendsten preußischen König zu erinnern, d. h. an Friedrich I. (1701–1713) und Friedrich II., den Großen (1740–1786).

Der preußische heraldische Adler blieb in der Form bis zum Ende der Monarchie 1918 (bzw. im persönlichen Gebrauch des ehemals regierenden Hauses) und veränderte seine Gestalt nur noch nach dem Zeitgeschmack, zuletzt auf Veranlassung König Wilhelm II., der ihn sogleich nach seinem Regierungsantritt im Winter 1888 neu zeichnen ließ.

Mit dem Ende der preußischen Monarchie 1918 verlor auch das preußische Königswappen seine Gültigkeit. Der nunmehrige Freistaat Preußen erhielt mit der Bekanntmachung des Preußischen Ministerpräsidenten vom 11. Juli 1921 statt eines Wappens ein unheraldisches Staatshoheitszeichen: ein auf weißem Grunde frei nach (heraldisch) links fliegenden, den Kopf rechtshin wendenden schwarzen Adler mit geschlossenem Schnabel und Fängen von goldener (gelber) Farbe.

Vorbild dieses Adlerzeichens war der »Fliegende Preußische Kriegsadler«, eine naturalistische Spielart des Königsadlers, den die ersten drei Könige seinerzeit nach ihrer eigenen Gesinnung zu variieren beliebten.

Mit der Bekanntmachung des Preußischen Ministerpräsidenten vom 2. Oktober 1933, das nunmehr wieder als »Land« apostrophierte Preußen stand bereits unter NS-Herrschaft, kehrten einige aus monarchischer Ära stammende Attribute des Adlers zurück, wenn auch in wenig kenntnisreicher Weise hinzugefügt.

In seiner Grundform ähnelte das neue »Landeswappen« dem vorangegangenen Hoheitszeichen. Im strengen heraldischen Sinne war es kein Wappen, denn auch dieses Emblem lag in keinem Schild. Man setzte ihm nun ein silbernes (weißes) Hakenkreuz auf die Brust und steckte ihm ein silbernes (weißes) Schwert in die eine, zwei goldene (gelbe) Blitze in die andere Klaue. Die Klauen und der jetzt offene Schnabel wurden golden (gelb) tingiert. Zusätzlich erschien über dem Adler ein schwarz umrandetes silbernes (weißes) Spruchband mit dem in schwarzer Frakturschrift wiedergegebenen Motto »Gott mit uns!«. Dieser Satz war das Motto des preußischen Königtums, verzeichnet u. a. auf den Koppelschlössern seiner Armee. Eine für die NS-Zeit nur als heuchlerisch zu bezeichnende Wortwahl.

Von diesem »Wappen« gab es zwei Ausführungsversionen, die eine für Dienstflaggen, Standarten und Urkunde, die andere für Dienstsiegel. In der staatlichen Praxis traten beide Zeichnungen kaum mehr in Erscheinung, nachdem 1934 fast alle preußischen mit den entsprechenden Reichsministerien zusammengelegt wurden und zudem 1936 länderweit das Reichssiegel eingeführt worden ist.

Mit dem »Gesetz über den Neuaufbau des Reiches« vom 30. Januar 1934 hörten die deutschen Länder als eigenverantwortliche politische Einheiten endgültig auf zu bestehen. Durch die Verschmelzung der preußischen mit den Reichsministerien war die Situation dort noch einschneidender: Als selbständiges Land existierte Preußen fortan nur noch dem Namen nach.

Das preußische Hoheitszeichen 1921–1933

Das preußische Hoheitszeichen 1933–1945

Ausführung für Siegel, Stempel und Stempelmarken

Ausführung für Dienstflaggen, Standarten und Urkunden

Historische deutsche Ostgebiete

Jahrhundertelang gehörten weite Gebiete zwischen der Oder und dem Memelstrom, zwischen der Danziger Bucht und dem Riesengebirge zum deutschen Sprach- und Kulturraum, eingebettet in das brandenburgisch-preußische Staatswesen. Der Versailler Vertrag vom 28. Juni 1919 brachte für das Deutsche Reich im Osten die ersten erheblichen Territorialverluste. Nach dem Zweiten Weltkrieg verlor Deutschland schließlich alle seine Provinzen östlich der Oder und Lausitzer Neiße. Völkerrechtlich sanktionierte der Moskauer »Vertrag über die abschließende Regelung in bezug auf Deutschland« vom 12. September 1990 (»2+4-Vertrag«) den »endgültigen Charakter der Grenzen des vereinten Deutschlands«, wie er sich faktisch seit 1945 mit der sogenannten Oder-Neiße-Linie ergeben hatte.

Bereits seit vielen Jahren war in Deutschland im öffentlichen Bewußtsein die Erinnerung an die ostdeutschen Provinzen mehr und mehr im Schwinden begriffen. In der DDR aus politischem Kalkül seit Anbeginn ihrer Existenz; in der Bundesrepublik auf »schleichende« Art und Weise. Auch um diesem historischen Vergessen ein wenig entgegenzuwirken, soll ihrer in diesem Buch zumindest heraldisch gedacht werden.

Der Autor wählte hierbei für die Zeit vor 1918 die Wappen folgender fünf Provinzen des Königreichs Preußen aus, wie sie sich in den letzten Jahrzehnten der Monarchie darstellten: Ostpreußen, Westpreußen, Pommern, Posen, Schlesien. Für die Zwischenkriegszeit sind die entsprechenden Hoheitszeichen der Grenzmark Posen-Westpreußen, der Freien Stadt Danzig und des Memellandes verzeichnet.

Das preußische Staatsgebiet war in Provinzen eingeteilt. Der Begriff wurde erstmals in der »Verordnung über die verbesserte Einrichtung der Provinzialbehörden« vom 30. April 1815 verwendet. 1824 wurden Ost- und Westpreußen zusammengelegt, und aus ihnen 1829 die einheitliche Provinz Preußen geschaffen, die erst 1878 wieder in Ost- und Westpreußen geteilt wurde.

Diese Provinzen waren wie die Städte des Königreiches Preußen wappenfähig, und der Inhalt dieser Provinzwappen wurde am 22. September 1880 normativ festgelegt, veröffentlicht durch Erlaß des Preußischen Staatsministeriums vom 28. Februar 1881.

Da der König von Preußen die Verleihung, Feststellung oder Änderung von Wappen, auch von Kommunalwappen, als sein persönliches Recht ansah, geschah dies in Form eines »Allerhöchsten Erlasses« oder einer »Allerhöchsten Cabinets Ordre«. So wurden auch am 22. Oktober 1882 die Farben der meisten Provinzen festgelegt: Ostpreußen = Schwarz-Weiß; Westpreußen = Schwarz-Weiß-Schwarz; Pommern = Blau-Weiß; Posen = Rot-Weiß (ab 09.11.1896 = Weiß-Schwarz-Weiß); Schlesien = Weiß-Gelb. Zu dessen Ausübung bediente er sich der Kenntnisse der an sich zwar nicht zuständigen, aber sachkundigen Einrichtung seines »Ministeriums des Königlichen Hauses«, einer Hofbehörde, nämlich des »Königlich-Preußischen Heroldsamtes«, das 1855 errichtet wurde.

Die Provinzen des Königreiches Preußen führten Wappen, die in dreifacher Form angewendet wurden: als Großes, Mittleres und Kleines Wappen. Die hier wiedergegebenen Großen Wappen dienten den Zentralbehörden für besonders wichtige, feierliche Anlässe.

Bei den Großen Wappen der Provinzen ruht auf dem Schild ein Helm, und zu jeder Seite des Schildes steht ein Schildhalter: rechts ein mit Eichenlaub bekränzter und umschürzter Wilder Mann, links ein geharnischter Ritter, der auf dem geschlossenen Helm einen Straußenfederschmuck in den Provinzialfarben und über die rechten Schulter nach der linken Hüfte das preußische Feldzeichen trägt: ein schwarz-weißes Band, als Zeichen der Zugehörigkeit zum Königreich Preußen. Der Wilde Mann ist der Repräsentant des Königreiches, während der Ritter die Wehrhaftigkeit der Provinz repräsentiert.

Jeder der beiden Schildhalter hält eine goldbeschaftete und goldbefranste Standarte mit durchbrochener goldener Spitze, in der die verschlungenen Buchstaben »FR« angebracht sind, deren rechte mit abhängenden schwarz-weißen Schnüren im auswärts gerichteten, mit goldenen Nägeln angenageltem wei-

ßen Fahnentuch den königlich preußischen Adler, deren linke
mit abhängenden Schnüren in den Provinzialfarben im gleichfalls nach auswärts gerichteten, mit goldenen Nägeln angenageltem Fahnentuch das Wappenbild der betreffenden Provinz
zeigt. Die rechte ist die preußische Fahne und die linke die der
entsprechenden Provinz.

Ostpreußen

Fläche: 37 000 km^2
Einwohner: 2,1 Mill. (1910)
Hauptstadt: Königsberg

Wappenschild: In Silber ein golden bewehrter, rotgezungter,
schwarzer Adler, der mit einer goldenen Königskrone gekrönt
ist und im rechten Fang ein goldenes Zepter, im linken einen
golden bereiften und bekreuzten blauen Reichsapfel hält. Die
Flügel des Adlers sind mit goldenen Kleestengeln belegt: auf
seiner Brust die verschlungenen goldenen Initialien »FR«.

Für Ostpreußen galt ohne besondere Feststellung das unveränderte Kleine Wappen des Königreiches Preußen als Provinzialwappen, und zwar in der Form, wie es durch Erlaß Friedrich Wilhelm III. vom 9. Januar 1817 letztmalig festgelegt worden war. Diese Regelung war für die Provinz Ostpreußen
ebenso ehrenvoll wie gerecht, denn der königlich-preußische
Adler war ja ursprünglich in Ostpreußen, dem säkularisierten
Ordensstaat und späteren Herzogtum Preußen, »entstanden«,
verliehen am 10. April 1525 durch König Sigismund I. von
Polen an Herzog Albrecht.

Westpreußen

Fläche: 25 550 km^2
Einwohner: 1,7 Mill. (1910)
Hauptstadt: Danzig

Wappenschild: In Silber ein golden bewehrter, rotgezungter, schwarzer Adler mit einer goldenen Krone um den Hals, aus der ein geharnischter (blauer oder silberner) Rechtsarm hervorwächst, der mit bloßer naturfarbener Hand ein golden gegrifftes, silbernes Schwert über dem Kopf des Adlers schwingt.
Der Adler mit dem markanten Schwertarm zierte seit 1457 Münzen der preußischen Stände, die sich 1454 vom Deutschen Orden losgesagt und den König von Polen zu ihrem Oberhaupt gewählt hatten. In Siegeln kommt dieses eindrucksvolle Bild seit 1456 vor.

Pommern

Fläche: 30 125 km^2
Einwohner: 1,7 Mill. (1910)
Hauptstadt: Stettin

Wappenschild: In Silber ein golden bewehrter Greif.
Das Wappentier der pommerschen Herzöge war der Greif. Nach dem Bild bezeichneten sich diese Herrscher auch als das »Greifengeschlecht«. Der Greif ist ein Fabeltier, das den Menschen des hohen Mittelalters bekannt war aus der sogenannten Greifenfahrt Alexanders des Großen. Der berühmte König soll im Vorderen Orient große zahme Tiere mit dem Leib eines Löwen und dem Kopf und den Flügeln eines Raubvogels gefunden haben, die er an einen Behälter band. Mit ihm erhob er sich in die Lüfte, um die Grenzen der Erde zu erblicken.

Königreich Preußen
Das Große Wappen der Provinz Ostpreußen

Königreich Preußen
Das Große Wappen
der Provinz Westpreußen

Das Große Wappen
der Provinz Pommern

Das Große Wappen
der Provinz Posen

Das Große Wappen
der Provinz Schlesien

Das pommersche Greifenwappen ist erstmals auf einem Reitersiegel Herzog Bogislaws II. aus dem Jahre 1214 belegt. Zu den nächsten Bildzeugnissen zählen die Siegel des Herzogs Wartislaw III. (1248–1264) und das von ihm der Stadt Greifswald verliehene Wappensiegel, das uns seit 1262 überliefert ist.

Nach der deutschen Wiedervereinigung erscheint das Greifenzeichen erneut als heraldisches Landessignum, und zwar jetzt die Region Vorpommern des Bundeslandes Mecklenburg-Vorpommern repräsentierend. (siehe Seite 143 ff.)

Posen

Fläche: 28 982 km^2
Einwohner: 2,1 Mill. (1910)
Hauptstadt: Posen

Wappenschild: Er zeigt das »Kleine Wappen« Preußens mit golden gekröntem Herzschild: in Rot ein golden gekrönter silberner Adler.

Der silberne (weiße) Adler war das heraldische Bild der polnischen Herrscher. Im 10. Jahrhundert war die Stadt Posen an der Warthe Hauptsitz der Herzöge von Polen, die sich nach 963 für ihr Gebiet links der Warthe dem deutschen Reich als tributpflichtig unterstellt hatten. 1779/93 ging Posen an Preußen über. 1807 wurde aus den Erwerbungen Preußens in der Zweiten und Dritten Teilung Polens das Herzogtum Warschau gebildet, das 1813 von Rußland besetzt und 1813/15 zwischen Rußland und Preußen geteilt wurde. Preußen erhielt den Netzzedistrikt und den Westteil von Südpreußen bis zur Prosna. Das Culmer Land und Thorn wurden mit Westpreußen vereinigt. Das Restgebiet, das einen deutschen Bevölkerungsanteil von einem Drittel hatte, wurde als »Großherzogtum Posen« eine Provinz des Königreiches Preußen.

Schlesien

Fläche: 40 325 km^2
Einwohner: 5,3 Mill. (1910)
Hauptstadt: Breslau

Wappenschild: In Gold ein mit dem Fürstenhut gekrönter, golden bewehrter, rotgezungter schwarzer Adler, belegt mit einem steigenden silbernen Halbmond, dessen Höhlung mit einem ebensolchen Kreuzchen besteckt ist. Schon 1558 befand sich der Adler der Herzöge von Niederschlesien im brandenburgischen Wappen und wurde seit 1742 als »schlesischer« Adler angesehen. Seine endgültige Form bestimmte ein Erlaß des Königs Friedrich Wilhelm III. vom 8. Januar 1817, wobei der Adler mit einem dreibügeligen Fürstenhut gekrönt wurde und die Kleeblattenden des »Halbmondes« spitz ausliefen. Bei der Wappenfestlegung für die preußischen Provinzen 1880 ist dieses Wappen übernommen worden. Nach der 1920 erfolgten verwaltungsmäßigen Zweiteilung des Landes in Nieder- und Oberschlesien ging das Wappenbild auf Niederschlesien über.

Grenzmark Posen-Westpreußen

Fläche: 7715 km^2
Einwohner: 325 000 (1925)
Hauptstadt: Schneidemühl

Nach dem Vertrag von Versailles vom 28. Juni 1919 mußte Preußen den größten Teil seiner Provinz Posen und weite Teile der Provinz Westpreußen an die neuentstandene Republik Polen abtreten. Danzig und Umgebung wurden unter dem

Wappen der Grenzmark Posen-Westpreußen
(1925–1929)

Mandat des Völkerbundes »Freie Stadt«. Der ehemals west-
preußische Regierungsbezirk Marienwerder kam zur Provinz
Ostpreußen, die durch den sogenannten Korridor nunmehr
vom Reichsgebiet getrennt war.

  Aus den verbliebenen Arealen der genannten Provinzen ist
1922 die »Provinz Grenzmark Posen-Westpreußen«, kurz
»Grenzmark« genannt, gebildet worden. Doch dem aus drei
räumlich getrennten Gebieten bestehenden Territorium – seinerzeit die kleinste Provinz Preußens – sollte kein langes
Leben beschieden sein. Bereits nach 16 Jahren (1938) ist die
Grenzmark wieder aufgelöst worden. Der nördliche Hauptteil
wurde der Provinz Pommern zugeschlagen, die beiden klei-
neren südlichen Teile den Provinzen Brandenburg und Schlesien.

Wappen der Grenzmark Posen-Westpreußen
(1929–1938)

Das Wappen: Der Provinziallandtag der Grenzmark hatte am
25. Oktober 1923 folgendes Wappen beschlossen: Zwei nebeneinander stehende Schilde mit dem westpreußischen bzw. dem
polnischen (posenschen) Adler, die einander ansehen sollten.
Das preußische Innenministerium aber fand die Vereinigung
beider Adler in einem Schild viel passender und schlug vor, in
einem gespaltenen Schild einen westpreußischen und einen
posenschen Adler je zur Hälfte mit dem Rücken aneinander zu
lehnen. Vom Justizministerium ist dieser Entwurf jedoch mit
der Begründung beanstandet worden, daß dieses Doppeladler-
bild zu sehr an die heraldischen Hoheitszeichen der vormaligen
russischen und österreichischen Monarchien erinnere. So ist
dieser Entwurf (der das Schwert und die Krone von Westpreußen gleichfalls nur zur Hälfte enthielt), zu Fall gekommen.

Über die Beratungen und Bedenken zog sich die Wappenangelegenheit dann bis zum 23. Januar 1925 hin, als der Provinziallandtag die neue Form billigte, nämlich den westpreußischen Adler mit einem, wie es in dem Beschluß heißt, »Aufleger«, soll heißen Brustschild, den posenschen Adler darstellend.

Das Preußische Staatsministerium des Innern genehmigte dieses Wappen am 10. Februar 1925 mit folgender Beschreibung: *»Im silbernen Schilde ein schwarzer, goldbewehrter, rotgezungter Adler, zwischen dessen Halse und rechtem Flügel ein geharnischter Rechtarm hervorgeht, welcher ein goldgerifftes Schwert horizontal über dem Haupte des Adlers schwingt. Auf der Brust ein rotes, mit einem silbernen, goldbewehrten und rotgezungten Adler belegtes Herzschildlein.«*

Die **Provinzialfarben** wurden aus den bisherigen Landesfarben Westpreußens und Posens zusammengesetzt und waren seit dem 9. September 1923 *»schwarz-weiß-schwarz und weiß-schwarz-weiß von oben nach unten in geteiltem Felde«.*

Das Bild des oben beschriebenen Grenzmark-Wappens enthielt im Herzschild, also an hervorragender Stelle, den polnischen Adler aus dem Wappen der untergegangenen Provinz Posen. Von dieser Wappenform nahm man alsbald aus politischen Gründen Abstand, da die polnischen Annexionen nach dem Ersten Weltkrieg in keiner Weise hingenommen werden sollten, und das Deutsche Reich – und mit ihm der Freistaat Preußen – zu dem wiedererrichteten polnischen Staat auf Distanz ging.

Das dann bis zur Auflösung der Grenzmark gültige Wappen ersetzte nun den polnischen Brustschild durch die Provinzialfarben, also einen von Schwarz und Silber sechsfach geschachten Schild. Die amtliche Beschreibung dieses am 28. Juli 1929 durch Beschluß des Preußischen Staatsministeriums genehmigten Wappens lautet:

»Im silbernen Schilde einen schwarzen, goldbewehrten, rotgezungten Adler, zwischen dessen Hals und rechtem Flügel ein geharnischter Rechtsarm hervorgeht, der ein goldbegrifftes Schwert horizontal über dem Haupte des Adlers schwingt. Auf der Brust des Adlers befindet sich ein Herzschildchen, das von oben nach unten im geteilten Felde links die Farben schwarz-weiß-schwarz (Farben der ehem. Prov.

Westpreußen) und rechts die Farben weiß-schwarz-weiß (Farben der ehem. Prov. Posen) zeigt.«

Die etwas umständliche Beschreibung gibt bei dem Herzschild die Seiten unheraldisch an, also verkehrt, während bei dem Schwertarm die Seite zwar heraldisch richtig aber überflüssig bezeichnet wird.

Freie Stadt Danzig

Fläche: 1966 km^2
Einwohner: 407 500 (1936)
Hauptstadt: Stadt Danzig

Aufgrund der Artikel 100–108 des Versailler Vertrages vom 28. Juni 1919 wurde mit Wirkung vom 10. Januar 1920 die einem Mandat des Völkerbundes unterstellte »Freie Stadt Danzig« ins Leben gerufen. Das Territorium des Freistaates setzte sich aus den Stadtkreisen Danzig und Zoppot sowie den drei Landkreisen Danziger Höhe, Danziger Niederung und Großes Werder zusammen.

Mit Beginn des Zweiten Weltkrieges, am 1. September 1939, marschierten auch in Danzig deutsche Truppen ein. Noch am selben Tag verkündete das Staatsoberhaupt der Freien Stadt Danzig, NS-Gauleiter Forster, in einem Staatsgrundgesetz die Rückgliederung des Gebietes ins Deutsche Reich.

Das Wappen: Die Haupthoheitszeichen des Freistaates waren in Artikel 2 der Verfassung der Freien Stadt Danzig vom 14. Juni 1922 wie folgt niedergelegt:

»Das Staatswappen zeigt im roten Schilde zwei übereinander stehende silberne Kreuze, über denen eine goldene Krone schwebt. Die Staatsflagge und die Handelsflagge zeigt auf rotem Tuch im ersten Drittel, von der Flaggenstange an gerechnet, parallel zu dieser zwei weiße Kreuze übereinander und darüber eine gelbe Krone.«

Das Große Wappen der Freien Stadt Danzig

Das Kleine Wappen der Freien Stadt Danzig

Das Große Staatswappen zeigte zudem noch zwei rotbezungte goldene Löwen als Schildhalter; Schild und Schildhalter standen auf einem verschnörkelten goldenen Podest-
ornament.

Das Staatswappen des Freistaates war das traditionelle Wappen der Stadt Danzig. Die beiden Kreuze erinnern daran, daß

Danzig im Jahre 1308 mit Pommerellen in den Besitz des Deutschen Ritterordens kam, dessen Hochmeister dem Ort anno
1343 seine Handfeste verlieh. Nachdem Danzig 1457 unter polnische Oberhoheit gelangte, verlieh der polnische König der
Stadt die Ermächtigung, die goldene Krone über die Kreuze zu
setzen. Dieses Wappen behielt die Stadt auch bei, als die polnische Suzeränität nach der zweiten Polnischen Teilung 1792
wieder erloschen war.

Bei der dritten Teilung, ein Jahr darauf, kam Danzig an
Preußen. Im Tilsiter Frieden von 1807 wurde es mit vergrößer-
tem Gebiet Freistaat unter Abhängigkeit von Frankreich. 1814
fiel die Stadt endgültig an das Königreich Preußen und ist ein
Jahr später zur Hauptstadt seiner Provinz Westpreußen erhoben worden.

Memelland

Fläche: 2708 km^2
Einwohner: 140 700 (1920)
Hauptstadt: Memel

Unter den Begriffen »Memelland« oder »Memelgebiet« versteht man jenen nördlichsten Teil der preußischen Provinz
Ostpreußen, der gemäß Artikel 99 des Versailler Vertrages
vom 28. Juni 1919 vom Deutschen Reich abgetrennt wurde.
Das Territorium – neu gebildet aus den Kreisen Memel-Stadt,
Memel-Land, Heydekrug und Pogegen – wurde Treuhandge-
biet folgender vier alliierter Siegermächte: Frankreich (als Vorsitzender), Italien, Japan und das Vereinigte Königreich.

Nach militärischer Besetzung durch litauische Freischärler
im Januar 1923 annektierte die Republik Litauen – ohne nen-
nenswerten Widerstand der Alliierten – mit Wirkung vom
1. Februar 1923 völkerrechtswidrig das Memelgebiet. Am
22. März 1939 wurde in Berlin ein Vertrag zwischen Deutsch-

Das Wappen des Memellandes

land und Litauen über die Rückgabe des Territoriums abgeschlossen. Nach Artikel 1 dieses Abkommens ist das Memel-
land noch am Tage der Unterzeichnung wieder mit dem Deutschen Reich vereinigt worden.

Das Wappen: Das heraldische Hoheitszeichen des Memellandes war das überlieferte Stadtwappen von Memel: *»Über
blauem Wellenschildfuß, darinnen ein goldener Kahn, in Rot ein auf
einer goldenen Mauer stehender goldener gezinnter Torturm, begleitet
von je einer goldenen gezinnten Seebake.«*

Dieses Wappenbild ist erstmals auf einem Siegel des
Deutschordenkomturs von Memel vom Beginn des 15. Jahrhunderts überliefert. Jenes Siegel zeigte in dessen Mitte einen
Zinnenturm mit seitlich spitzen Kirchturmdächern. Später
wurden die seitlichen Aufbauten meist als Seebaken angesehen, wozu das Kahnbild trefflich passen würde. Unter Baken
bzw. Baaken versteht man gerüstartige Aufbauten, die am
Strand als Landmarken zur Navigationshilfe für die Seefahrer
und Fischer errichtet wurden.

Die Farbgebung des Wappens war lange umstritten. Auf
Grund alter Zeugnisse hat man sich, insbesondere als 1920
eine eigene Memeler Landesflagge erforderlich wurde, für gelb

und rot entschieden. Die Landesflagge des Memellandes war
also Gelb-Rot; durch Beschluß der Botschafterkonferenz der
alliierten Treuhandmächte vom 25. Februar 1920 wurde diese
Flagge – »vermehrt« um das in einer roten Scheibe liegende
Wappenbild, ohne den blauen Wellenschildfuß, im Obereck
des Tuches – allen im Memelland beheimateten Schiffen als
Erkennungszeichen zur Führung verliehen. Als memelländi-
sche **Landesfarben** galten jedoch Grün-Weiß-Rot.

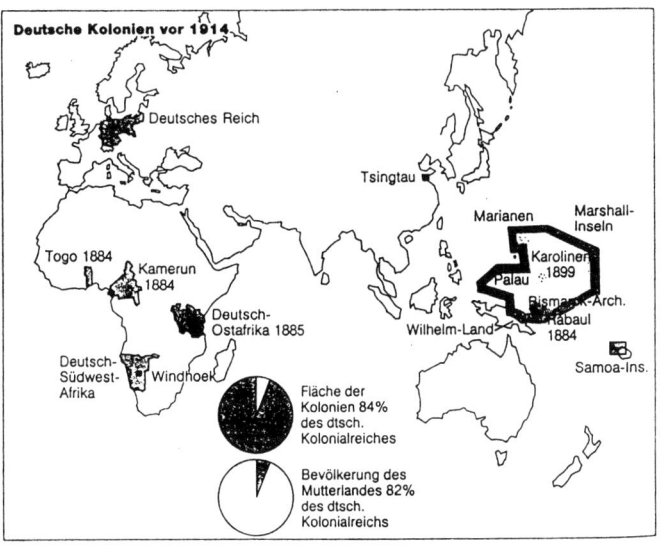

Deutsche Kolonien vor 1914

Deutsches Reich

Tsingtau

Marianen

Marshall-Inseln

Togo 1884

Kamerun 1884

Karolinen 1899

Palau

Deutsch-Ostafrika 1885

Bismarck-Arch.

Rabaul 1884

Wilhelm-Land

Deutsch-Südwest-Afrika

Windhoek

Samoa-Ins.

Fläche der Kolonien 84% des dtsch. Kolonialreiches

Bevölkerung des Mutterlandes 82% des dtsch. Kolonialreichs

Wappen und Flaggen in den deutschen Kolonien

Von allen Kolonialreichen war dem deutschen das kürzeste Leben beschieden: Im Jahr 1884 entstanden, war es nach dreieinhalb Jahrzehnten, nach dem verlorenen Ersten Weltkrieg, bereits wieder beendet. Dennoch aber kommt ihm für die Kolonialgeschichte eine wesentliche Bedeutung zu. Die Deutschen bewiesen, daß eine reiche und gut organisierte Industrienation auch dann mit den schwierigen Problemen der tropischen Kolonisierung fertig zu werden vermochte, wenn ihr jegliche Kolonialerfahrung fehlte.

Der Großteil des deutschen Kolonialbesitzes lag in Afrika: Togo, Kamerun, Deutsch-Ostafrika, Deutsch-Südwestafrika. Die pazifischen Territorien waren verhältnismäßig klein: Teile von Neu-Guinea und diverse mikronesische Inseln und Archipele. In China verwaltete das Deutsche Reich das Pachtgebiet von Kiautschou (Jiaozhou) mit der Haupt- und Hafenstadt Tsingtau (Quingdao).

Das gesamte Kolonialreich umfaßte etwa 2,5 Millionen Quadratkilometer mit einer Bevölkerung von schätzungsweise 15 Millionen.

Wappen und Flaggen

Auch bei der heraldischen und vexillologischen Präsentation ihrer Kolonialgebiete war das Deutsche Reich ein Nachzügler, denn erst im Frühjahr 1914 stellte die Reichsregierung Überlegungen an, den Schutzgebieten eigene Symbole, sprich Wappen und Flaggen zu verleihen. Durch den wenige Monate später ausgebrochenen Ersten Weltkrieg blieb das Projekt jedoch unausgeführt, so daß die deutschen Kolonien nie über eigene Hoheitssymbole verfügen sollten.

Die Idee zur Schaffung eigener Kolonialwappen und -flaggen ging auf die Initiative des damaligen Staatssekretärs im Reichskolonialamt, Dr. Solf, zurück. Er wurde dazu auf seiner letzten Afrikareise 1912/13 angeregt, als er feststellte, daß die britischen Überseebesitzungen eigene Hoheitszeichen führten. Als heraldische Embleme fungierten die sogenannten »Badges«, als Flaggen das »Blue Ensign«. Dieses nach einem einheitlichen Muster gestaltete Tuch zeigte auf blauem Grund in der Oberecke die britische Flagge (»Union Jack«), im Fliegenden Ende auf weißer Scheibe das jeweilige Abzeichen (»Badge«) der Kolonie.

Solf wandte sich mit seinem Vorschlag direkt an Kaiser Wilhelm II. In seiner Eingabe wies der Beamte auf die große werbende Wirkung dieser Embleme für den deutschen Kolonialgedanken hin, wohl wissend, daß der Monarch stets ein offenes Ohr für alle Maßnahmen hatte, die der deutschen »Weltgeltung« förderlich sein könnten.

Und der Staatssekretär täuschte sich nicht, Wilhelm II. bestellte ihn zum Vortrag. Hierbei fand er allerhöchste Zustimmung. Solf wurde aufgefordert, das Nötige zu veranlassen, Entwürfe zu erstellen und Vorschriften auszuarbeiten. In enger Zusammenarbeit mit Herzog Johann Albrecht von Mecklenburg und dem Heroldsamt (zuständige preußische Behörde in Fragen des Wappenwesens) kam es zu einer Reihe von Entwürfen, die schließlich dem Kaiser vorgelegt wurden. Ein Teil dieser Zeichnungen fand die uneingeschränkte Billigung des Monarchen, andere wiederum sollten gemäß kaiserlicher Vorgaben modifiziert werden.

Alle Wappenentwürfe waren nach einem einheitlichen Muster ausgerichtet: Geteilt durch seinen silbernen (weißen) Schildhaupt, in dem der arg gestreckte Reichsadler (ohne heraldischen Zierat) erschien, unten dann das eigentliche Wappenbild der jeweiligen Kolonie. Nur für sechs Territorien sind Entwürfe bekannt. Auf den Wappenschilden ruhte die Reichskrone in Gold (Modell 1889), doch gibt es auch Versionen, wo anstatt der Krone ein Band mit den Namen der betreffenden Schutzgebiete plaziert ist.

Vorgesehene Deutsche Kolonialwappen

Die heraldischen Beschreibungen der deutschen Kolonial-
symbole lauten im einzelnen:

Kamerun: *»In Rot ein silberner (weißer) Elefantenkopf«.*

Togo: *»Eine von zwei Schlangen begleitete Ölpalme«.*
                (Die Farbangabe des Feldes ist nicht be-
                kannt)

Ostafrika: *»In Rot ein silberner (weißer) Löwenkopf.«*

Südwestafrika: *»In Blau ein silberner (weißer) Ochsenkopf, dar-
                über ein Diamant«.* (Farbangabe nicht be-
                kannt)

Neu-Guinea: *»In Grün ein mit dem Kopf nach unten gerichteter
                Paradiesvogel.«* (Farbangabe nicht bekannt)

Samoa: *»Auf blau-silbernem (weißen) vierfach geteiltem
                Wellenschildfuß in Rot drei silberne (weiße)
                Kokospalmen, jeweils auf einem silbernen (wei-
                ßen) Hügel stehend.«*

Für die **Kolonialflaggen** war gleichfalls ein einheitliches
Design vorgesehen: In der Mitte des weißen Streifens der
schwarz-weiß-roten Nationalflagge (Reichsflagge) der Wappenschild der betreffenden Kolonie (ohne Krone bzw.
Namensschild). Wenn die deutschen Kolonien heraldisch auch
nicht originär repräsentiert waren, wehten über den Territorien aber immerhin spezielle Flaggen, und zwar:

- Erstens überall die »Reichsdienstflagge im Bereiche des Auswärtigen Amtes, einschl. der Kaiserl. Behörden und Fahrzeuge in den deutschen Schutzgebieten« (mit Ausnahme
  von Kiautschou). Sie zeigte im verbreiterten Zentrum des
  weißen Streifens der Nationalflagge den Reichsadler.
- Zweitens die Dienstflaggen der Gouverneure von Kiautschou und Ostafrika. Sie zeigten im Zentrum des weißen
  Streifens der Nationalflagge den Reichsadler ohne Krone.
- Drittens die Hausflaggen verschiedener, in den einzelnen
  Schutzgebieten tätigen Handelsgesellschaften. Ihre Muster
  waren von den schwarz-weiß-roten Reichsfarben bestimmt.

Daneben sah man natürlich immer die militärischen Flaggen,
vornehmlich die Reichskriegsflagge.

Deutsche Kolonial-Flaggen

Reichsdienstflagge im Bereich
des Auswärtigen Amts und des
Kolonialamts bis Ende 1918

Flagge der Gouverneure von
Deutsch-Ostafrika u. Kiautschou

Flagge der Deutsch-ost-
afrikanischen Gesellschaft

Flagge der deutschen
Westafrikanischen Gesellschaft

Flagge der
Neuguinea-Compagnie

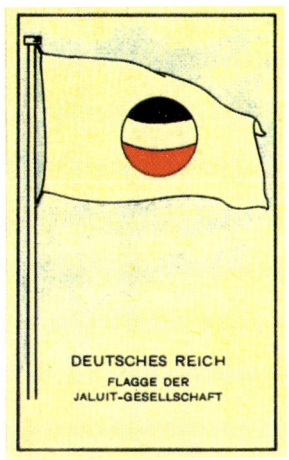

Flagge der Jaluit-Gesellschaft

Flagge der Ralik-Inseln

Sinnbild der Einheit:
»Die Europa-Flagge«

Heraldische Beschreibung:
Auf blauem Grund ein Kreis von zwölf goldenen (gelben) fünf-
zackigen Sternen.

Vexillologische Spezifikation:
Das Verhältnis der Höhe zur Breite der Flagge ist wie 1:1,5.
Die Sterne sind regelmäßig auf einem unsichtbaren Kreisbogen
angeordnet, dessen Zentrum im Schnittpunkt der Diagonalen
des Tuches liegt. Der Radius des Kreises beträgt ein Drittel der
Höhe des Rechteckes. Jeder Stern liegt in einem unsichtbaren
Kreis, dessen Radius 1/18 der Höhe des Rechteckes beträgt.
Alle Sterne sind vertikal angeordnet, d. h. eine Zacke zeigt
nach oben und zwei Zacken liegen auf einer unsichtbaren
waagrechten Linie. Die Sterne sind wie die Stundenangaben
auf einem Ziffernblatt angeordnet, ihre Zahl ist unveränderlich. Das Blau ist ein helles Kobaltblau, das Gold wird durch
ein dunkles Chromgelb wiedergegeben.

Symbolische Beschreibung:
Auf dem blauen Grund des westlichen Himmels bilden die die
Völker Europas darstellenden Sterne einen Kreis zum Zeichen
der Einheit. Die unveränderliche Zahl 12 ist dabei das Sinnbild
der Vollkommenheit.

Einführung:
Als Flagge des Europarates am 8. Dezember 1955; als Flagge
der Europäischen Gemeinschaften am 29. Mai 1986; als Flagge
der Europäischen Union am 1. November 1993.

Geschichte:
Von den Symbolen, die für die Zusammengehörigkeit der
europäischen Völker stehen bzw. dafür werben, ist die den
nationalen Personifikationen (z. B. Frankreich = Marianne,
England = John Bull, Deutschland = Michel) vergleichbare
Personifizierung Europas in Gestalt der mythischen Königs-
tochter »Europa« auf dem Stier das älteste.

    Ein erstes gesamteuropäisches Bild-Symbol wurde bereits
vor fast 1000 Jahren verwendet: das Kreuz. Es war das gemein-

same Zeichen der christlichen Heerscharen auf den Kreuz-
zügen ins Heilige Land. Zwar hatte man seinerzeit keine politische Einigung im Auge, aber man fühlte sich als kulturelle und
vor allem religiöse Einheit »Abendland«. Doch bereits im Dritten Kreuzzug (1189–1192) marschierten einzelne Landeskonti-
gente unter einer differenzierenden Farbgebung dieses überna-
tionalen, alle christlichen Völker verbindenden Symbols: So
führten die Franzosen ein rotes Kreuz auf weißem Feld, die
Engländer ein weißes Kreuz im roten Tuch und die Streitmacht
aus Flandern zog mit einem grünen Kreuz auf weißem Grund
ins Feld.

Es sollten dann Jahrhunderte vergehen, bis nach dem Ersten
Weltkrieg (1914–1918), dem »Krieg der Nationen gegen Natio-
nen«, von nicht wenigen erkannt wurde, daß wohl nur ein die
Völker und Staaten übergreifendes, schließlich vereintes
Europa die Sicherung eines dauerhaften Friedens auf unserem
Kontinent gewährleisten könnte.

Graf Coudenhove-Kalergi (1894–1972) gründete im Oktober
1923 die »Paneuropäische Bewegung« als supranationale und
überparteiliche Massenbewegung zur Einigung Europas. Als
Zeichen wählte er ein rotes Kreuz auf gelber Kreisscheibe, in
Flaggenform zuzüglich plaziert in die Mitte eines blauen
Tuches. Das Kreuz Christi ist ein Symbol der Menschlichkeit
und der Nächstenliebe, die Sonne das Signum Apolls als
Symbol des Geistes und der Freiheit. Beide zusammen sollen
die Urelemente der gemeinsamen europäischen Kultur wieder-
geben. Blau gilt als Farbe des Himmels, den Frieden ausdrük-
kend.

Nach dem Zweiten Weltkrieg (1939–1945) erlangte die
»Europäische Bewegung« einige Bedeutung. Deren Zeichen
fand 1949 seine endgültige Form: auf weißem Grund ein mäch-
tiges »E« in Grün. Der Volkswitz machte aus der Zusammen-
ziehung des grünen E und des sich aus der weißen Restfläche
ergebenden weißen Buchstabens »U« (E + U = Europa-Union)
die Spottbezeichnung »Sandy's Unterhose«, da Duncan
Sandy, dem Schwiegersohn des britischen Premiers Sir Win-
ston Churchill, der Entwurf dieser Flagge zugeschrieben
wurde.

Am 5. Mai 1949 wurde in London der »Europarat« gegründet, eine für alle demokratischen Staaten des Erdteils offene Organisation. Ziel war – und ist – die Förderung der Zusammenarbeit auf allen Gebieten. Als Flagge faßte man das Symbol der Paneuropäischen Bewegung ins Auge, doch sah sich die Türkei außerstande, das christliche Zeichen des Kreuzes zu akzeptieren.

Daraufhin schlug die Beratende Versammlung des Europarates im September 1953 vor, daß das Emblem aus 15 Sternen bestehen solle, um der Zahl der damaligen Mitgliedsländer zu entsprechen (analog dem Sternenbanner der USA). Die Empfehlung löste jedoch erhebliche politische Kontroversen aus, da bei der Zahl 15 auch das Saarland als eigener Staat symbolisch in Erscheinung getreten wäre. Die deutsche Bundesregierung war aber nicht bereit, dem seinerzeit noch unter französischem Protektorat stehenden Saarland (siehe auch den Bundesländer-Artikel »Saarland«, S. 171 ff.) einen eigenen Stern zuzugestehen.

Aufgrund dieser Proteste empfahl die Versammlung dem Ministerrat nach längeren Verhandlungen in dem eigens einberufenen Flaggenausschuß die Annahme einer blauen Flagge mit 12 goldenen Sternen – »aus ästhetischen Gründen« ringförmig angeordnet. In der recht lyrisch gehaltenen offiziellen Symbolbegründung dazu heißt es:

»Gegen den blauen Himmel der westlichen Welt stellen die Sterne die Völker Europas in einem Kreis, dem Zeichen der Einheit, dar. Die Zahl der Sterne ist unveränderlich auf zwölf festgesetzt. Diese Zahl versinnbildlicht die Vollkommenheit und Vollständigkeit. Wie die zwölf Zeichen des Tierkreises das gesamte Universum verkörpern, so stellen die zwölf Sterne alle Völker Europas dar, auch diejenigen, welche heute an dem Aufbau Europas in Einheit und Frieden noch nicht teilnehmen können.«

Dieses Emblem wurde dann am 8. Dezember 1955 auf einstimmige Empfehlung der Beratenden Versammlung vom Ministerrat des Europarates als Flagge der Organisation angenommen.

Die erhoffte entgrenzende Wirkung des neuen Europasymbols blieb indes für viele Jahre recht gering, vor allem bedingt dadurch, daß es jetzt zwei »Europa-Flaggen« gab: das grüne E der Europa-Bewegung und das Sternentuch des Europarates. Erst allmählich begannen das Europäische Parlament und verschiedene europäische Institutionen, dem Gesichtspunkt der Publizität mehr Aufmerksamkeit zu widmen. Gleichzeitig begann die Popularität der Europa-Bewegung zu schwinden – und damit die öffentliche Präsentation ihrer grünen E-Flagge.

Die Regierungen der im Europarat vertretenen Staaten wurden gebeten, die Europaflagge mehr zu propagieren. So wurde die Bundesregierung vom Zweiten Deutschen Bundestag durch einen einstimmigen Beschluß ersucht, darauf einzuwirken, daß die Europa-Flagge *»bei geeigneten Anlässen und Veranstaltungen zur Förderung der europäischen Einheit neben den Bundes- und Länderfahnen gezeigt wird.«*

Am 11. März 1962 legte die Bundesregierung dann den Landesbehörden nahe, den 5. Mai – hinweisend auf jenen Tag im Jahre 1949, als in London der Europarat gegründet wurde – als »Europatag« zu begehen. Seitdem weht am 5. Mai an den öffentlichen Gebäuden das alsbald allgemein als »Europa-Flagge« bezeichnete Fahnentuch.

Mit einer offiziellen Zeremonie ist am 29. Mai 1986 vor dem Brüsseler Berlaymont-Gebäude, dem Sitz der EG-Kommission, in Anwesenheit von Vertretern der verschiedenen Organe und Institutionen der EG die Europaratsflagge auch als »Flagge der Europäischen Gemeinschaften« aufgezogen worden. Nach deren am 1. November 1993 aufgrund des Inkrafttretens des »Maastricht-Vertrages« erfolgten Umbenennung der EG in »Europäische Union (EU)« ist das »europäische Sternenbanner« auch zu deren vexillologischem Symbol geworden.

Bibliographie

Ausgewählte Literatur zu den behandelten Themen des Buches

Heraldik:

LEONHARD, Walter: Das große Buch der Wappenkunst (2. Aufl.); Verlag Georg D. W. Callwey, München 1978.

NEUBECKER, Ottfried: Heraldik; Battenberg Verlag, Augsburg 1990.

OSWALD, Gert: Lexikon der Heraldik; Bibliographisches Institut, Leipzig 1985.

WAPPENFIBEL – HANDBUCH DER HERALDIK (18. Aufl. 1991); herausgegeben vom »Herold«, Verein für Heraldik, Genealogie und verwandte Wissenschaften, Verlag Degener & Co., Neustadt (Aisch).

Vexillologie:

HESMER, Karl-Heinz: Flaggen und Wappen der Welt; Bertelsmann Lexikon Verlag, Gütersloh 1992.

HORSTMANN, Hans: Vor- und Frühgeschichte des europäischen Flaggenwesens; Schünemann Universitätsverlag, Bremen 1971.

NEUBECKER, Ottfried: Fahnen und Flaggen, L. Staackmann Verlag, Leipzig 1939.

SMITH, Whitney: Die Zeichen der Menschen und Völker; Reich Verlag, Luzern 1975.

VISSER, Derkwillem: Flaggen, Wappen, Hymnen; Battenberg Verlag, Augsburg 1994.

Nationalhymnen:

NATIONALHYMNEN – Texte und Melodien (2. Aufl.); Verlag Philipp Reclam jun., Stuttgart 1982.

RAGOZAT, Ulrich: Die Nationalhymnen der Welt; Verlag Herder, Freiburg im Breisgau 1982.

REED, W. L. u. BRISTOW, M. J.: National Anthems of the World (7. Aufl.); Blandford Press, London (UK) 1987.

Gesamtdeutsche Symbole:

ASCHE, P., KAUPP, P., WREDEN, E. W. (Hrsg.): 175 Jahre Jenaische Burschenschaft; Mainz-Göttingen-Berlin 1990.

BORCHERT, Jürgen: Hoffmann von Fallersleben – Ein deutsches Dichterschicksal; Verlag der Nation, Berlin 1991.

FRIEDEL, A.: Deutsche Staatssymbole; Athenäum Verlag, Frankfurt am Main und Bonn 1968.

GUBEN, Berndt: Schwarz, Rot und Gold; Verlag Ullstein, Berlin und Frankfurt am Main 1991.

HANSEN, Hans Jürgen: Heil Dir im Siegerkranz – Die Hymnen der Deutschen; Verlag Gerhard Stalling AG, Oldenburg und Hamburg 1978.

HECKER, Hellmuth und HOOG, Günter: Deutsche Flaggen – Sammlung von Vorschriften zum Flaggenrecht Deutschlands und der deutschen Küstenländer; Werkheft Nr. 32 des Instituts für Internationale Angelegenheiten der Universität Hamburg 1978, in Kommission bei Alfred Metzner Verlag, Frankfurt am Main.

HOOG, Günter: Deutsches Flaggenrecht; Werkheft Nr. 37 des Instituts für Internationale Angelegenheiten der Universität Hamburg 1982, in Kommission bei Alfred Metzner Verlag, Frankfurt am Main.

KNOPP, Guido und KUHN, Ekkehard: Das Lied der Deutschen – Schicksal einer Hymne; Verlag Ullstein, Berlin und Frankfurt am Main 1988.

KUHN, Ekkehard: Einigkeit und Recht und Freiheit – Die nationalen Symbole der Deutschen; Verlag Ullstein, Frankfurt am Main 1991.

KURZKE, Hermann: Hymnen und Lieder der Deutschen; Dieterich'sche Verlagsbuchhandlung, Mainz 1990.

NEUBECKER, Ottfried: Der Bundesadler und seine Vorläufer, in Das Grundgesetz und die Bundesrepublik Deutschland; Verlag Moos & Partner/Rehm Verlag, Gräfelfing 1988.

NEUBECKER, Ottfried: Das deutsche Wappen 1806–1871, in Archiv für Sippenforschung und alle verwandten Gebiete, 8. Jahrgang, Heft 9, September 1931; Verlag C. A. Starke, Görlitz.

NEUBECKER, Ottfried: Zur Geschichte des deutschen Reichswappens 1871–1918, in Jahrbuch 1974/75, Doppel-Band 12 und 13 der neuen Heraldischen Mitteilungen des Heraldischen Vereins »Zum Kleeblatt« von 1888 zu Hannover e. V.

VALTENTIN, Veit und NEUBECKER, Ottfried: Die deutschen Farben; Verlag Quelle & Meyer, Leipzig 1928.

WEISSMANN, Karlheinz: Schwarze Fahnen, Runenzeichen – Die Entwicklung der politischen Symbolik der deutschen Rechten zwischen 1890 und 1945; Droste Verlag Düsseldorf 1991.

Hoheitssymbole der DDR:

DDR-HANDBUCH, 3. Auflage 1985, hrsg. vom Bundesministerium für innerdeutsche Beziehungen, Verlag Wissenschaft und Politik, Köln.

NEUBECKER, Ottfried: Das Wappen der Deutschen Demokratischen Republik, in Archivum Heraldicum Nr. 2–3, Lausanne 1956.

TENORA, Jiří: Diverse Artikel zum Thema »DDR-Staatssymbolik« in der Fachzeitschrift »vexilologie«; verschiedene Jahrgänge, Prag o. J.

WEBER, Hermann: Geschichte der DDR; Deutscher Taschenbuch Verlag, München 1985.

Wappen, Flaggen, Siegel und Signets der Bundesländer:

BIEWER, Ludwig u. JÄHNIG, Bernhart: Kleiner Atlas zur deutschen Territorialgeschichte, 2. Auflage; Kulturstiftung der deutschen Vertriebenen, Bonn 1991.

DEUTSCHE WAPPEN UND FLAGGEN – Symbole im demokratischen Staat, Hrsg. Bundeszentrale für politische Bildung; Bonn 1991.

HOFFMANN, Helmut: Deutsche Heimatländer einst und jetzt; Olzog Verlag, München 1987.

KALCKHOFF, Andreas: Fürsten-, Länder-, Bürgerwappen – Heraldik aus neun Jahrhunderten; Pro Heraldica, Stuttgart 1984.

KÖBLER, Gerhard: Historisches Lexikon der deutschen Länder; Verlag C. H. Beck, München 1988.

STADTLER, Klemens: Deutsche Wappen – Bundesrepublik Deutschland, 8 Bände; Angelsachsen Verlag, Bremen 1964–1971.

WAPPEN UND FLAGGEN DER BUNDESREPUBLIK DEUTSCHLAND UND IHRER LÄNDER, Hrsg. Bundesministerium des Innern, 4. Auflage; Carl Heymanns Verlag, Köln 1993.
WAPPEN UND FLAGGEN DER BUNDESREPUBLIK DEUTSCHLAND UND IHRER LÄNDER, Hrsg. Bundeszentrale für politische Bildung, 2. Auflage; Bonn 1990.

Der Preußische Adler und die Wappen der historischen deutschen Ostgebiete:

ARNDT, Jürgen (Hrsg.): Wappen und Flaggen des Deutschen Reiches und seiner Bundesstaaten (1871–1918) als Band 81 der »Bibliophilen Taschenbücher«; Verlag Harenberg Kommunikation, Dortmund 1979.
BIEWER, Ludwig: Die Wappen des Preußenlandes; in Der Herold, Vierteljahresschrift für Heraldik, Genealogie und verwandte Wissenschaften, N. F. Band 13, Heft 9, 35. Jahrgang 1992, I. Quartal; herausgegeben vom HEROLD zu Berlin.
HOFFMANN, Helmut: Deutsche Heimatländer einst und jetzt; Günter Olzog Verlag, München 1987.
HUBATSCH, Walter (Hrsg.): Grundriß zur deutschen Verwaltungsgeschichte 1815–1945, Reihe A: Preußen; Johann-Gottfried-Herder-Institut, Marburg (Lahn) 1975.
HUPP, Otto: Königreich Preußen – Wappen der Städte, Flecken und Dörfer (Reprint der Ausgaben von 1896 und 1898); Kulturstiftung der Deutschen Vertriebenen, Bonn 1985.
RABBOW, Arnold: Die korrekten Wappen der deutschen Ostgebiete; in Jahrbuch 1964 (Band 2 der neuen Heraldischen Mitteilungen) des Heraldischen Vereins »Zum Kleeblatt« von 1888 zu Hannover e. V.
ROICK, Oscar: Die Wappen der Provinzen des Königreichs Preußen; Druck von Carl Küster, Hannover 1897.
STILLFRIED, R. G.: Die Titel und Wappen des Preußischen Königshauses; Carl Heymann's Verlag, Berlin 1875.

Wappen und Flaggen in den deutschen Kolonien:

DIE WAPPEN UND FLAGGEN DER DEUTSCHEN KOLINIEN; Afrika-Nachrichten, Jg. 14, Nr. 2, Leipzig 1, Februar 1933.
FIELDHOUSE, David K.: Die Kolonialreiche seit dem 18. Jahrhundert; Fischer Weltgeschichte, Bd. 29, 13. Auflage, Fischer Taschenbuch Verlag, Frankfurt am Main 1993.
WESTPHAL, Wilfried: Geschichte der deutschen Kolonien; C. Bertelsmann Verlag, München 1984.

Sinnbild der Einheit: Die Europa-Flagge:

INFORMATIONSMATERIAL DES EUROPÄISCHEN PARLAMENTS, Straßburg und Bonn, und der Kommission der Europäischen Gemeinschaften, Brüssel und Bonn, darunter der Aufsatz »Eine Flagge für Europa« von Volker Junge.
RABBOW, Arnold: dtv-Lexikon politischer Symbole A–Z; Deutscher Taschenbuch Verlag, München 1970.
SCHURDEL, Harry: Europas Flaggen: Spiegel der Völker – Symbole der Nationen, Aktuelle Cornelsen Landkarte Nr. 10/93; Cornelsen Verlag, Berlin 1993.

Bildnachweis

Stiftung Schweizer Wappen und Fahnen, Luzern, S. 11
Aus H.G. Ströhl »Die Wappen der Buchgewerbe«, Wien 1891, S. 15
Tessloff Verlag, Nürnberg, S. 17
Fahnenfleck, Pinneberg, S. 18–21
Schildverlag, München, S. 23
Bundesbildstelle, S. 24
National Maritime Museum, Greenwich, England, S. 22
Burschenschaft Arminia, S. 32
Historischer Bilderdienst, Norderstedt, S. 38/39
Niedersächsische Landeszentrale für politische Bildung, Hannover, S. 46, 47
Historischer Bilderdienst, Norderstedt, S. 47
Deutsches Postmuseum, Frankfurt/Main, S. 56
Postdienst der Deutschen Bundespost, S. 66
Institut für Auslandsbeziehungen, Stuttgart, S. 66, 93
UPI, S. 83
Brandenburgisches Landeshauptarchiv, Potsdam, S. 84
Verlag der Saarbrücker Zeitung, S. 172
Zeichnungen A. u. C. Heinz Reise, Zeichnung Otto Hupp, S. 197, 198
Hugo Gerard Ströhl, Stuttgart 1897, S. 213/214
Kolonial-Taschenbuch, Berlin 1941, S. 228
Heinrich Pleticha, »Deutsche Geschichte«, Band 10, Lexikothek Verlag,
    Gütersloh, 1989, S. 194
Kommission der Europäischen Gemeinschaften, Bonn, S. 232
Alle übrigen Abbildungen Archiv des Verfassers